Aufgewachsen

in

LEIPZIG

in den 40er und 50er Jahren

IMPRESSUM

Bildnachweis:
Privatarchiv Berger/Rössler: S. 4, 5, 12, 13, 14, 15, 16, 18, 20, 25, 31, 34, 35, 36, 37, 40, 44, 53, 54, 58, 59; Privatarchiv Ulla Heise: S. 48, 49, 52; Lee Miller: S. 8; Mosaik von Hannes Hegen, © Tessloff Verlag, Nürnberg: S. 46; Dietmar Sehn: S. 50; Stadtgeschichtliches Museum, Leipzig: S. 7, 9, 10, 28, 29, 32, 41 o, 43, 45 li; Ullstein: S. 3, 19, 24, 26, 27, 38, 42, 51, 61, 63; picture alliance-dpa: S. 30; ullstein-Christian Bach: S. 41 u; ullstein-dpa: S. 45 re, 47; ullstein-KPA: S. 39; Ullstein-Wernicke, Walter: S. 17, 56; Privatarchiv Helmut Wenzel: S. 19 o, 23, 59, 62

Titel:
Mädchen- und Jungen-Motiv: Archiv Werner Richey; Stadt-Motiv: Ullstein-dpa

Wir danken allen Lizenzträgern für die freundliche Abdruckgenehmigung. In Fällen, in denen es nicht gelang, Rechtsinhaber an Abbildungen zu ermitteln, bleiben Honoraransprüche gewahrt.

2. Auflage 2014
Gestaltung: Ravenstein + Partner, Verden
Satz: Sislak Design Werbeagentur, Bad Soden-Salmünster
Druck: Druck- und Verlagshaus Thiele & Schwarz GmbH, Kassel
Buchbinderische Verarbeitung: Buchbinderei S. R. Büge, Celle

© Wartberg Verlag GmbH & Co. KG
34281 Gudensberg-Gleichen · Im Wiesental 1
Telefon: 05603/93050 · www.wartberg-verlag.de

ISBN: 978-3-8313-1878-0

Glückliche Kindheit in einer schweren Zeit

Zusammenbruch und Neuanfang – die 1940er und 1950er Jahre gehören zu schwierigsten Kapiteln der Geschichte Leipzigs. Krieg und Nachkriegszeit, überleben und neu orientieren. Historiker haben alles festgehalten, die Zahl der Kriegsopfer ebenso wie die der zerstörten Schulen, Industriebetriebe und Krankenhäuser. So manch' jähe Wendung lenkte nicht nur die Schritte, sondern ganze Biografien der Menschen in eine ungeplante Richtung.

Das große Aufatmen nach 1945 bedeutete für vielen den Start in ein neues Leben. Väter und Mütter brauchten jede Menge Optimismus, um den Alltag zu organisieren und die Familie mit Lebensmitteln, Kleidung und neuen Möbeln zu versorgen. So manches Provisorium erwies sich durchaus als alltagstauglich und überlebte die Jahre. Die Geschichten der Erwachsenen scheinen späteren Generationen beängstigend und abenteuerlich. Aber wie haben Kinder diese Zeit erlebt? Manch einer erinnert sich an eine gut behütete Kindheit, an herrliche Spiele im Hof, Faschingsfeiern mit Freunden, Kaninchen auf dem Balkon, Feste in der Familie, an den Kohlenhändler Maffay und Deutschstunden mit Lehrer Precht. Die Leipziger Kinder liebten die Kleinmesse ebenso wie Ausflüge ins Rosental, in die Dübener Heide und Urlaube in Thüringen. Und typisch: Später wurden das Kino, Treffs im Klub und die Jugendclique zu wichtigen Anlauf- und Bezugspunkten. Leipzig, Sachsens heimliche Metropole, war als Musik-, Kunst- und Messestadt weltoffen, aber natürlich dennoch im „System DDR" verankert. Man wuchs in die Gesellschaft hinein und suchte nach dem Platz im Leben. Beim Schreiben dieses Buches sind wir die ganze Strecke zwischen Kindheit und Jugend noch mal zurückgelaufen. Es war ein großes Vergnügen, das wir jetzt allen Lesern wünschen!

Petra Mewes   Reinhard Rössler

Sie prägt das Stadtbild: die Thomaskirche mit dem Bachdenkmal.

Fast jeder unserer Väter war Soldat.

Allein zu Hause: Frauen und Mütter

Während die Männer für Deutschland – sinnlos – in den Krieg zogen, musste das Leben zu Hause weitergehen. Frauen, die bisher vor allem für Haus, Hof und die Kinder gesorgt hatten, wurden zum Teil zwangsverpflichtet, um Arbeitsplätze in Fabriken, im Verkehr, in Krankenhäusern, Lazaretten und im Handel zu übernehmen. Sie wurden zum Ernährer der Familie. Zur Doppelbelastung mit Familie und Beruf kam die Sorge um das tägliche Brot, knappe Lebensmittelzuteilungen und die bange Frage, wie es Ehemännern, Vätern und Brüdern an der Front erging. Oft blieben die Familien wochenlang ohne Lebenszeichen. Viele Frauen und Mütter waren tagsüber plötzlich nicht zu Hause. Und wenn größere Geschwister, Verwandte oder Nachbarn nicht auf uns Kleine auf-

passen konnten, mussten wir eben mit – zur Arbeit, zum Einkauf und später dann zum Aufräumen der Trümmerberge.

Unsichere Tage, unruhige Nächte

So manchen Betrieb hätte es nach dem Krieg nicht mehr gegeben, wenn die Frauen nicht anstelle ihrer geschäftsführenden Männer getreten wären. Zum Beispiel das Sämereien-Geschäft von Erhard Berger, das er 1933 in der Lindenthaler Straße eröffnet hatte. Seiner Frau war es zu verdanken, dass der Laden nicht geschlossen werden musste. Sie war ein sympathisches Mädchen, das schon mit 17 Jahren geheiratet hatte und in Mockau wohnte. Jeden Tag ist die junge Frau nach Gohlis in die Lindenthaler Straße gelaufen. Zum Glück gab es noch Verwandte, die halfen. Obwohl die Warenbeschaffung mehr als schwierig war, führte die Familie das Unternehmen über die Zeit – bis zu einer alles vernichtenden Bom-

Mancher von uns wurde in einen Familienbetrieb hineingeboren. Hier das Geschäft Erhard Berger-Sämereien.

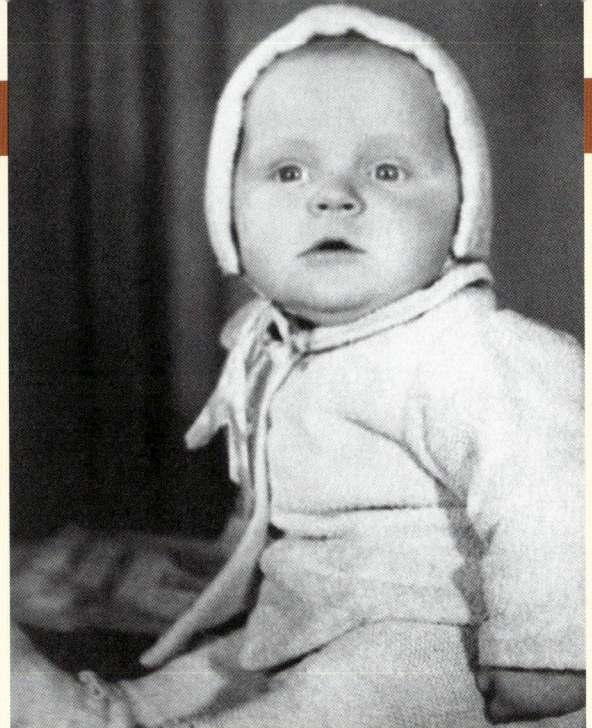

Hallo, da bin ich!

bennacht. Eine Brandbombe traf das Obergeschoss, das gerade erst neu eingerichtet worden
war. Noch während es brannte, räumten alle
schnell den Laden aus. Sie konnten viele Tiere und
Sachen retten, aber die Wohnung war hinüber. Der
starke Familienzusammenhalt half, diese schwere Zeit durchzustehen.

Chronik

3. Mai 1940
Gründung des Domchores (heute Chor des Völ-
kerschlachtdenkmals) durch Kurt Blau.

September 1940
Mit Beginn des Krieges wird die Technische Messe stillgelegt. Das Gelände wird umfunktioniert.
In den Hallen wird die Kriegsproduktion aufgenommen.

8. Juni 1941
Ernennung des Landeskonservatoriums für
Musik zur Staatlichen Hochschule für Musik,
Musikerziehung und darstellende Kunst.

21. Januar 1942
Einen Tag nach der Wannsee-Konferenz erfolgt
die erste Deportation jüdischer Bürger aus Leipzig. Bis 1933 zählte die Jüdische Gemeinde etwa
13 000 Mitglieder. Nur knapp 200 Juden haben
die Zeit der Deportationen zwischen 1942 und
1945 überlebt, 24 von ihnen in der Stadt.

3./4. Dezember 1943
Schwerster Bombenangriff auf Leipzig; 16 Minuten lang dauert das Bombardement zwischen
3.58 und 4.14 Uhr. Mehr als 400 britische Bomber werfen in mehreren Angriffswellen Luftminen, Spreng- und Brandbomben über Leipzig ab.

20. Februar 1944
Erneuter Großangriff britischer Bomber und der
US Airforce. Etwa 15 000 Wohnungen, rund 10,5
Kilometer Straßenbahnlinie der Leipziger Verkehrsbetriebe und zahlreiche kulturelle und
öffentliche Gebäude, auch der Rüstungsindustrie, werden zerstört.

Bomben auf Leipzig

Den Brandgeruch verspüren ältere Leipziger noch viele Jahre nach dem schrecklichen Ereignis. Das Bombardement am frühen Morgen des 4. Dezember dauert 16 lange Minuten. Zwischen 3.58 und 4.14 Uhr werfen mehr als 400 britische Bomber in mehreren Angriffswellen Luftminen, Spreng- und Brandbomben über der Stadt ab. Noch drei Tage später brennt es. Mehr als 1800 Männer, Frauen und Kinder sterben im Bombenhagel. 140 000 Menschen, das sind damals ein Fünftel der Einwohner, werden obdachlos. Von Norden über das Stadtzentrum nach Süden und Südosten zieht sich eine Spur der Zerstörung. Sie ist etwa fünf Kilometer lang und drei breit.

Mehr als 4000 Gebäude sind danach total zerstört, darunter 56 Schulen, Krankenhäuser, neun Kirchen, mehrere Theater, das Bildermuseum, das Hauptgebäude der Universität. Schwer beschädigt wird auch das Alte Rathaus mit dem Stadtgeschichtlichen Museum. In Trümmern liegen 29 innerstädtische Messehäuser, die Hallen der Technischen Messe im Südosten der Stadt sowie mehr als drei Viertel des Graphischen Viertels mit Verlagen, Druckereien, Versandbuchhandlungen, Buch- und Schriftmuseum. Etwa 50 Millionen Bücher verbrennen. Die Buch-, Kunst- und Messestadt ist so schwer getroffen wie nie zuvor in ihrer Geschichte. Nur wenige Wochen später, Leipzig war bei den Alliierten in der Prioritätenliste weiter hochgerückt, fliegen die Briten und die US Airforce Leipzig erneut an. In der Nacht vom 20. Februar heulen wiederum die Sirenen. Etwa 15 000 Wohnungen, rund 10,5 Kilometer Straßenbahnlinie der Leipziger Verkehrsbetriebe und zahlreiche kulturelle und öffentliche Gebäude werden zerstört. Nicht nur zivile Ziele sind betroffen, auch die Rüstungsindustrie. Da wichtige Großbetriebe nicht total zerstört werden, greifen Kampfverbände am 7. Juli 1944 erneut an, um vor allem diese und bedeutende Verkehrsadern wie den Hauptbahnhof zu treffen.

Bis zum Kriegsende sterben zwischen 40 000 und 60 000 Menschen in der Stadt. Die Leipziger erleben schwere Zeiten. In Auffangstellen werden rund 41 600 Fliegergeschädigte mit dem Notwendigsten versorgt. Eingeführt werden Bezugsscheine für Spinnstoffwaren und Schuhe, für Holzbetten und Lebensmittelsonderzuteilungen. Als Folge des von den Deutschen angezettelten Zweiten Weltkriegs sind in Leipzig 44 000 Wohnungen, große Teile der Industrie und 80 Prozent der Messegebäude zerstört.

Am Ende des Krieges lagen große Teile Leipzigs in Schutt und Trümmern.

Am 18. April 1945 befreiten amerikanische Truppen die Stadt. Der Krieg ist damit für Leipzig endlich zu Ende.

Erst die einen, dann
die anderen

Die Amis kommen

Am 18. April 1945 befreien amerikanische Truppen die Stadt – die Einheiten der 3. US-Armee besetzen Leipzig. SS und Volkssturm halten noch tagelang das Völkerschlachtdenkmal besetzt. Es nützt ihnen nichts. Die Leipziger wollen nicht mehr. Inzwischen ist selbst den letzten Mitläufern klar geworden, dass die Durchhalteparolen der Nazis nicht nur leere Worte sind, sondern das Leiden noch verschlimmern. Mit dem Vorrücken der amerikanischen Truppen hängen immer mehr weiße Laken aus dem Fenster, die Kinder bekommen weiße Tücher in die Hand. Allen Ängsten zum Trotz klettern Kinder und Erwachsene aus den Kellern, um die Truppen zu bestaunen. Es waren meist Schwarze, erinnert sich eine Leipzigern an das erlösende Gefühl, als der Krieg endlich zu Ende war. Trotz kurzer Gefechte ist auch der Hauptbahnhof bald eingenommen. Nach drei Tagen, am 20. April, ist die Besetzung Leipzigs durch die US-Truppen abgeschlossen. Die Widerstandsbewegung Nationalkommitee Freies Deutschland (NKFD) hatte bereits am 16. April dazu aufgerufen, Leipzig kampflos zu übergeben, um weitere Verluste zu vermeiden. In den nächsten Tagen benennt der alliierte Militärkommandant Major Eaton den Rechtsanwalt Johannes Vierling zum neuen Bürgermeister. Ende Juni ziehen die Amerikaner planmäßig wieder ab. Die Vereinbarungen der Konferenz von Jalta hatten das Land Sachsen den Russen zugesprochen.

Die Russen ziehen ein

Am 2. Juli zieht aufgrund des 1. Londoner Zonenprotokolls von 1944 und den Beschlüssen der Konferenz von Jalta die Rote Armee ein. Die Russen übernehmen das Kommando, Leipzig wird Bestandteil der sowjetischen Besatzungszone. Nur wenige empfangen die Russen mit offenen Armen und Transparenten. Die meisten haben zwiespältige Gefühle, Skrupel und Angst vor ihrer Rache. Verwundert verfolgt man, wie auf Straßen und Plätzen Schilder mit den unbekannten russischen Bezeichnungen in kyrillischer Schrift aufgestellt werden.

Chaos

Der von den Amis eingesetzte Bürgermeister Vierling wird degradiert und von Generalleutnant Iwanowitsch Trufanow durch Erich Zeigner ersetzt. Die sowjetische

Besatzungsmacht verhindert restriktiv jede demokratische Entwicklung. Ein 16-Punkte-Programm regelt die gesamte Umgestaltung von Wirtschaft, Verwaltung und kulturellem Leben. Aus dem völligen Chaos heraus muss eine neue Ordnung geschaffen werden. Die Menschen, auch die zahlreich eintreffenden Flüchtlinge, brauchen Nahrung und medizinische Versorgung, Strom und Wasser. Zu den dringendsten Problemen gehören zudem die Transportsicherung und die Beseitigung der Trümmer, die Koordinierung des gesamten öffentlichen Lebens. Die sowjetische Militäradministration bildet den „Rat der Stadt" und die Stadtverordnetenversammlung, deren Zusammensetzung aber die 1946 gegründete Sozialistische Einheitspartei Deutschlands (SED) diktiert. Dem schließen sich jahrelange Reparations- und Wiedergutma-chungsleistungen an die Siegermacht Sowjetunion an. In den Schulen gehören fortan Russischstunden zum Pflichtprogramm.

Eine Zeitzeugin berichtet

Unsere ganze Schule ging eines Tages ins Mockauer Kino. Als das Licht ausging, begann ein Film mit russischer Folklore. Die ungebändigte Musik und der temperamentvolle Tanz waren uns völlig neu. Erst fingen einige an zu kichern, dann hielt es den ganzen Saal nicht mehr vor Lachen. Die Vorstellung wurde abgebrochen. Der Direktor erklärte uns, dass das russische Hochkultur ist, wir Achtung vor dieser Leistung zeigen sollen und es absolut nichts zu lachen gibt. Dann ging der Film weiter. Wir haben uns nur mit äußerster Anstrengung zurückhalten können und nicht mehr gelacht.

Am 2. Juli übernahmen die Russen in Leipzig das Kommando.

Bei „Mehrings"

Trotz Hunger, Not und Kälte gab es einen Neuanfang: Am 18. August 1945 öffnete die Buchhandlung Franz-Mehring-Haus. Sie entwickelte sich schnell zu einem geistigen Zentrum der Stadt. Mit einem für damalige Verhältnisse enormen Startkapital von knapp 12 500 Reichsmark richtete die Buchhandelsgesellschaft „Vertrieb für Wissenschaft und Literatur GmbH" einen Laden ein, der sich im Laufe der Jahre zur größten Sortimentsbuchhandlung der DDR entwickelte.

Der Lesehunger der Erwachsenem war groß. Und je nach Lebensalter brauchten wir Kleinen Bilder- oder Lesebücher. Der Verkauf der Bücher war also nicht das Problem, aber ihre Beschaffung. Es gibt zwar bereits wieder Verlage, aber deren Kapazitäten und Auflagen waren eng begrenzt. Trotzdem setzte das Buchhaus im ersten Geschäftsjahr, also noch 1945, monatlich im Durchschnitt bereits 45 668 Reichsmark um. Ein tolles Ergebnis für das unbekannte Unternehmen. Das „Börsenblatt für den deutschen Buchhandel" beschrieb die Franz-Mehrung-Buchhandlung als „Musterbetrieb einer erfolgreichen Neugründung." Ab 1948 erschien jährlich ein eigener Bücherkatalog, 1951 fand die erste Fachbuch-Verkaufsausstellung statt. Die Verkaufsräume mussten erweitert werden und 1957 konnten die Leser nach einem kompletten Umbau in neuen, zweckmäßigen Räumen, übersichtlich präsentiert, ihre Bücher bei „Mehrings" kaufen.

Die Franz-Mehring-Buchhandlung versorgte die Leipziger ab August 1945 wieder mit Lesestoff.

Leipzig als
Buchstadt

Berühmte Verleger wie Johann Gottlob Breitkopf, Georg Joachim Göschen, Philipp Erasmus Reich, Anton Philipp Reclam, Friedrich Arnold Brockhaus und Ernst Rowohlt begründen und formen Leipzigs Ruf als Buchstadt. In Verbindung mit den Verlagen entwickelt sich auch das Buchgewerbe in Leipzig. Zwischen 1880 und 1900 entstehen zur Förderung des Nachwuchses die Gutenbergschule für Buchdrucker, die Buchhändler-Lehranstalt, das Buchhändlerhaus und das Deutsche Buchgewerbehaus. Die Stadt wird Sitz des Deutschen Buchdruckervereins, des Deutschen Buchgewerbevereins und des Deutschen Buch- und Schriftmuseums.

Damit ist es nach dem Zweiten Weltkrieg vorbei. Gerade die Konzentration der großen Verlagshäuser, von Druckereien und Buchbindereien im Buchviertel östlich vom Augustusplatz zwischen Täubchenweg, Dresdner Straße und Kohlgartenstraße, erweist sich bei den Bombenangriffen als verhängnisvoll. Die meisten großen Gebäudekomplexe, die sich oft über ganze Straßenviertel erstrecken, werden vernichtet. Hunderttausende von Büchern verbrennen, wertvolle Maschinen sind unbrauchbar.

Neustart

Eine Reihe der größten Verleger startet nach 1945 in den westlichen Besatzungszonen neu, weil ihre alten Unternehmen in Leipzig zwangsweise zu volkseigenen Betrieben umfunktioniert werden. So ziehen das Bibliographische Institut nach Mannheim, Reclam und Thieme nach Stuttgart, Peters und Hofmeister nach Frankfurt. Brockhaus und Breitkopf & Härtel fangen in Wiesbaden, Baedeker in Freiburg, Rowohlt in Rembek bei Hamburg neu an. An die alten Traditionen als Buchstadt knüpfen neu gegründete Verlage an. So entstehen unter anderen der Verlag für die Frau, im Jahre 1949 der (volkseigene) VEB Fachbuchverlag und der VEB Tourist Verlag Berlin/Leipzig.

Leipziger Buchmesse

Nach knapp 200 Jahren läuft Frankfurt am Main Leipzig den Rang als Zentrum des Buchhandels in Deutschland ab. Die Leipziger Buchmesse muss nach dem Kriegsende ganz von vorne anfangen und entwickelt sich in den nächsten Jahren vor allem zum Ost-West-Treffpunkt. So wird zum Beispiel 1951 die 1933 abgebrochene Tradition des Wettbewerbs um die „Schönsten Bücher des Jahres" wiederaufgenommen. Ab 1959 findet in der Stadt – anknüpfend an die Tradition von 1927 – alle sechs Jahre wieder eine Internationale Buchkunstausstellung statt, die letzte 1989.

Auch kleinen Jungs stehen große, blonde Locken.

Nicht ohne Teddy

Heute wie damals, Kinder lieben Plüschtiere. Wir hatten Teddy und Plüschäffchen. Sie wurden geliebt und kamen selbstverständlich mit ins Bett. Oder wir packten sie in den Rucksack, den wir auf dem Rücken trugen, wenn wir zu Oma gingen. Wir haben dem Teddy sogar Kleidung genäht. Aus Stoffresten und alles mit der Hand! Manch einer war da ganz schön geschickt. Und weil Muske-tiere gerade hoch im Kurs standen, bekam der Teddy dann schon mal einen Spitzenkragen und Umhang. Das sah toll aus! Es gab damals noch nicht so viel Spielzeug, geschweige denn einen Fernseher. Also haben wir gern Handarbeiten gemacht. Nicht nur Mädchen, auch Jungs mach-te das Spaß! Wehe, so ein geliebtes Plüschtier kam weg. Da kullerten die Riesentränen.

Mutter Berger – unermüdlich und immer für das Geschäft da.

Der Laden

In den 40er Jahren gab es viele Ladenbesitzer in Leipzig. Wir hatten ein Geschäft in der Georg-Schumann-Straße 87-89, Ecke Lindenthaler Stra-ße. Dort wurden hauptsächlich Sämereien, Dün-

Unentbehrliche Helfer im Familienbetrieb – die Mitarbeiter.

Immer ordentlich und aufgeräumt: Die Zoohandlung im Laden von Erhard Berger.

gemittel, Zierfische und Vögel, Goldhamster, Schlangen und Eidechsen, Aquarien, Terrarien sowie Zubehör, Futter, Pflanzen, Angelgeräte, Kunstblumen, in der Saison auch Küken, Ziergeflügel und Tauben verkauft. Das war ein Anziehungspunkt für das ganze Viertel und Tierfreunde aus Leipzig. In den besten Zeiten haben acht Angestellte in Lohn und Brot gestanden, die dann alle mit rumwuselten und verkauften – zum Beispiel Markthelfer Ede und die Sekretärin, ‚Frollein' Schnieber, die im Büro saß und den ganzen Laden schmiss.

Oma und Opa

Unsere Großeltern waren immer für uns da. Manche Erinnerungen verblassen, weil sie leider schon viel zu früh verstorben sind.

Viele Großeltern bewahrten sich ihren Humor über die Kriegszeit hinaus und waren lustig wie Opa Ludwig aus Mockau. Er hat viel geraucht und konnte aus dem Rauch Ringe pusten, drei, vier Stück hintereinander. Das hat uns fasziniert! Und wir erinnern uns gern daran, wie es war, als Oma zu uns zog. Die Familie rückte eben zusammen und räumte ein Zimmer. Oder man wohnte nah beieinander und besuchte die Großeltern, sooft es ging. Der Weg war weder sehr weit noch besonders gefährlich.

Spiele auf Hof und Straße

Der Hof hinter dem Haus war für uns ein Paradies zum Spielen. In einem typischen Leipziger Mehrfamilienhaus wohnte meist eine ganze Kinderschar jeden Alters. Die Großen passten auf die Kleinen

Aus dem Familienalbum: Unser Hof, ein Paradies für Kinder.

auf. Wir haben pausenlos „Himmelhuppe" gespielt und unsere Spiel meist erst dann beendet, wenn die Mutter uns ins Haus rief. Alle spielten mit: Groß und Klein, Geschwister und Einzelkinder. Wir waren meist zu fünft oder zu sechst. Oft kamen Freunde und Cousins aus der Nachbarschaft dazu, die nur ein paar Straßen weiter wohnten. Gern haben wir auch „Fischer, wie hoch steht das Wasser" gespielt, oder Hasche oder Verstecke. Alles Spiele, bei denen viele Kinder zusammen sein konnten. Streit gab es wenig, ab und zu vielleicht, aber das haben wir unter uns ausgetragen.

Mit Mutti und Schwester im Rosental.

Ein großer Tag, endlich duften wir zur Schule gehen.

Endlich Schule

Die Einschulung erlebten wir als ganz wunderbares Fest und großen Tag in der Familie. Endlich was Neues! Wir hatten einen sehr netten Lehrer ab der ersten Klasse, Herrn Büttner. Der war für uns kleine Schüler genau richtig, sehr weich in seiner Art. Er ging wunderbar auf uns ein und brachte uns mit viel Spaß Lesen, Rechnen und Schreiben bei.

Je größer die Familie war, desto mehr Schultüten bekam man von Großeltern, Tanten und den Eltern. Die waren nicht nur mit Süßigkeiten gefüllt, eine überraschte voller Pflaumen!

Der Schulweg war meist kurz. Nur wenn die Familie umzog und wir Pech hatten, wurde er manchmal lang und kompliziert. Manche mussten sogar einige Haltestellen mit der Straßenbahn fahren. Das kostete immer einen Groschen. Aber schon wieder die Schule wechseln? Das wollte gut überlegt sein. Dann wurde zwar der Schulweg kürzer, aber man gab auch sein gewohntes Umfeld und viele Freunde auf. Und so manchen geliebten Lehrer.

15

Neue Schulen, neue Lehrer, neue Reformen

Auch in Leipzig müssen nach dem Krieg die Schulen wiederhergestellt werden. Von 105 Schulen stehen nur noch 76, die mehr oder weniger beschädigt sind. Im Dezember 1945 unterrichten hier 669 Neulehrer. In den Druckereien der Stadt entstehen in erstaunlich kurzer Zeit drei Millionen neue Schulbücher. Über 60 000 Kinder bekommen eine Schulspeisung.

In der gesamten Sowjetischen Besatzungszone beginnt im Herbst 1945 eine grundlegende Umgestaltung des Schulwesens. Das „Gesetz zur Demokratisierung der deutschen Schule" reformiert ab Mai/Juni 1946 das gesamte Bildungswesen. Nachdem im Zuge der Entnazifizierung bereits zahlreiche Lehrer vom Schuldienst suspendiert worden waren, treibt diese „Sowjetisierung des Schulwesens" weitere qualifizierte Altlehrer aus Schuldienst und Verwaltung. Somit liegt das neue Schulwesen in seiner alltäglichen Schulpraxis schon zu Beginn 1945/1946 weitgehend in der Hand wenig qualifizierter Neulehrer. Ab 1948/1949 gilt dies auch für die Schulverwaltung, in der vor allem SED-treue Kader das Ruder in die Hand nehmen. Meist fehlt es ihnen an Kompetenz und Einfühlungsvermögen, sodass seitdem schulpolitische Entscheidungen häufig wechseln.

Die Kohlen sind aus

Irgendwann gab es in den Schulen einfach kein Brennmaterial mehr. Deshalb mussten wir in ein Ausweichquartier umziehen. So konnte der Unterricht z. B. für einige Monate in einer alten Fabrikanten-Villa stattfinden – in Altmöckern, nahe der Slevogtstraße – deren Besitzer nach dem Krieg enteignet worden waren. Fast alle Klassen einer Schule mussten dorthin. Die schönste Erinnerung haben wir aber nicht an den Unterricht, sondern an einen Fasching, der dort gefeiert wurde.

Reinhard Rössler erinnert sich: „Schwester Ilona ging als Harlekin, ich als Maharadscha von Eschnapur! Mit weißen Hosen, blauer Schärpe, Turban und Schnurrbart, zwar ohne Säbel, aber mit dem Ochsenziemer meines Vaters. Mann, war ich stolz! Mein Cousin bot das Kontrastprogramm: Seine Mutter hatte ihn als Mädchen angezogen! Mit Röckchen und einer Baskenmütze mit Löckchen dran! Er war todunglücklich in den Klamotten."

Aus dem Fotoalbum: Die Schwester als süßer Harlekin, der Cousin als tapferes Mädchen und der Bruder als stolzer Maharadscha von Eschnapur.

Universität wieder eröffnet

Während des Zweiten Weltkrieges gehört die Leipziger Alma mater zu den vier „großdeutschen" Universitäten, an denen der Lehr- und Forschungsbetrieb weiterging. Es kommt sogar zur Erweiterung einzelner Sektionen und 1942/1943 zur Gründung der Reichsanstalt für Vitaminprüfung und Vitaminforschung innerhalb der Veterinärmedizinischen Fakultät, nachdem bereits 1923 die (vormals Königliche Sächsische) Tierärztliche Hochschule aus Dresden nach Leipzig übergesiedelt war.

Am Ende des Krieges sind 60 Prozent aller Gebäude und 70 Prozent aller Bücher vernichtet. Trotzdem findet am 5. Februar 1946 die Wiedereröffnung statt. Doch auch die Universität Leipzig ist von der Gleichschaltung der gesellschaftlichen Institutionen in der russischen Besatzungszone betroffen. 1948 wird der frei gewählte Studentenrat aufgelöst und durch Mitglieder der Freien Deutschen Jugend (FDJ) ersetzt. Der Vorsitzende des Studentenrates, Wolfgang Natonek, und weitere Mitglieder werden verhaftet. 1953 wird die Universität dann in Karl-Marx-Universität Leipzig umbenannt. Nicht unerwähnt sei an dieser

Stelle, dass das nur teilbeschädigte Augusteum und die unversehrte Paulinerkirche in einem Akt der Barbarei 1968 gesprengt werden, um Platz für einen Neubau zu schaffen: Das Uni-Hochhaus in Form eines aufgeschlagenen Buches.

Am Augustusplatz hatte das Universitätsgebäude den Krieg beschädigt überstanden. Die Paulinerkirche, auch Universitätskirche genannt, blieb sogar unversehrt. Beide wurden 1968 aus politischen Gründen abgerissen bzw. gesprengt.

Krude und Röhre

Fast alle Wohnungen mussten noch mit Kohle, Koks oder Holz beheizt werden. Unsere Großeltern hatten in der Küche einen riesigen Herd, eine richtige Küchenmaschine. Im unteren Teil wurde mit Koksstückchen, die wir Krude nannten, geheizt und gekocht. Oben war eine große Klappe mit einer Eisenplatte drin, die Röhre. In der wurden Töpfe mit Kartoffeln oder Wasser warm gehalten.

Morgens wurde der Küchenofen angeheizt und brannte dann den ganzen Tag. Koks hält ja lange. Jede Stunde wurde mit einer Schaufel neue Krude auf die alte gestreut und brannte dann weiter. Zwischendurch musste immer mal die Asche geleert werden. Dort in der Küche haben wir fürs Leben gern Kohlenhändler gespielt.

Unsere Großfamilie war immer gern zusammen.

Der Hauptbahnhof

Nach 13 Jahren Bauzeit wird am 4. Dezember 1915 der von den Dresdner Architekten William Lossow und Max Hans Kühne geplante Hauptbahnhof eingeweiht, mit 26 Gleisen und fünf Außenbahnsteigen einer der größten Bahnhöfe der Welt. Als einmalig gilt bis heute der symmetrische Aufbau mit zwei Bahnhofshälften, von denen die eine durch die Preußische Magdeburg-Leipziger Eisenbahn, die zweite durch die Königlich Sächsischen Staatseisenbahnen betrieben wurde. Im Jahre 1940 wird auf der ehemals preußischen Westseite das Stellwerk 3 als Vierreihenhebelwerk gebaut.

Die schweren Bombardements, vor allem im Juli 1944, zerstören den Hauptbahnhof. Ein Bogen der Querbahnsteighalle stürzt in

Wichtigster Verkehrsknotenpunkt für Leipzig: Der Hauptbahnhof.

sich zusammen. Nicht nur Bahnreisende, auch Flüchtlinge, die hier Zuflucht suchten, kommen ums Leben. Der provisorische Betrieb des Verkehrsknotenpunktes wird bis weit über das Kriegsende hinaus bestehen bleiben. Der endgültige Wiederaufbau beginnt 1954 und dauert in mehreren Etappen bis 1962. Um 1960 werden die bestehenden Anlagen auf Lichtsignale umgerüstet.

Die Ruine des Leipziger Hauptbahnhofes im Jahr 1950.

Kohlenmann Maffay

In Gohlis gab es den Kohlenhändler Maffay. Auf dem Weg zur Oma sind wir immer bei ihm vorbeigegangen. Dessen schwarze Welt hatte es uns wohl angetan. Er schippte ständig große Kohlenhaufen. Eines der „Lieblingsspiele" bei Oma war es dann, wie Kohlenhändler Maffay mit der Schaufel in der Hand im Vorratsbehälter für den Koks die Krude von einer Ecke in die andere zu schaufeln. Dass stiebte immer fürchterlich. Uns machte das nichts aus. So ist das eben in richtigen Kohlehandlungen. Unserer Oma gefiel das bestimmt weniger.

Gute Freunde.

Schneeballschlachten, Streiche und ein verbotenes Dach

Auf dem Hof haben wir viele Dummheiten gemacht, aber eigentlich waren es alles harmlose Streiche. Kinderspiele im Sommer, Schneeballschlachten im Winter. Es gab zum Beispiel einen Nachbarladen, den Bandagisten Richter. Der hatte seine Werkstatt hinten im Hof und dort wurden die Prothesen hergestellt. Die Angestellten trugen oft Gipsbeine und Gipsabdrücke über den Hof.

Das Gebäude hatte ein Flachdach mit Feuerleiter. Uns war es strengstens verboten, dort hochzu-

Bitte recht freundlich - in der dritten Klasse.

klettern. Aber die anderen Kinder machten es ja auch. Vor allem die Älteren. Die legten im Sommer ihre Decken auf das Flachdach und sonnten sich. Das war verlockend, aber wegen der Höhe auch nicht ganz ungefährlich. Irgendwann sind wir eben doch hoch. Nur – Vater konnte von seinem Büro aus alles sehen. Er hat das Fenster nur einen kleinen Spalt aufgemacht und mit donnernder Stimme gerufen „Komm rein!" Nichts weiter. Zack, Fenster wieder zu.

Als kleiner Junge fing man da schon auf dem Dach an zu heulen, wohl ahnend, was nun kam: Also die Leiter runter und ins Haus geschlichen. Dort gab es eine Tracht Prügel. Das Theater ging durch den ganzen Laden. Zum Glück war das Klo in der Nähe. Dort eingeschlossen galt es zu warten, bis Vaters Ärger verraucht war. Zum Glück erlebten wir das nur sehr, sehr selten.

Nachbars Kinder

Uschi aus dem ersten Stock war eine Arzttochter, und wenn schlechtes Wetter war, sind wir oft zu ihr hoch gegangen, um auf dem Balkon zu spielen. Wir bauten aus Decken Höhlen und Buden, in denen wir hockten, Karten spielten oder uns Geschichten erzählten. Wenn wir keine Lust mehr hatten, gingen wir eben wieder.

Die meisten Eltern waren berufstätig. Nur wenige arbeiteten unmittelbar im Haus, waren dann zwar von früh bis abends beschäftigt, aber doch greifbar. Wer von uns ein Problemchen hatte, ging zu ihnen. Entweder zur Mutter, die meist hinter der Kasse saß, oder zum Vater, der Leute bediente oder im Büro arbeitete.

Chronik

18. April 1945
Befreiung Leipzigs durch amerikanische Truppen.

6. Mai 1945
Wiedereröffnung des Leipziger Zoos.

2. Juli 1945
Eingliederung in die sowjetische Besatzungszone.

2. August 1945
Erstes Konzert des Gewandhausorchesters nach Kriegsende in der Thomaskirche. Im Programm: „Messias" von Händel.

5. Februar 1946
Wiedereröffnung der Universität.

4. Juni 1946
Programmbeginn für die neue Sendeanstalt „Mitteldeutscher Rundfunk, Sender Leipzig" im neu eingerichteten Funkhaus in der Springerstraße.

6. Januar 1947
Die Volksküchen geben seit diesem Tag für drei Mark sechs Mahlzeiten pro Woche aus. Für Unterstützungsempfänger ist es billiger.

24. November 1948
Eröffnung des ersten Leipziger Kaufhauses der Handelsorganisation (HO) im früheren Kaufhaus Althoff in der Petersstraße.

4. Juni 1950
Einweihung der Trinitatiskirche in Anger-Crottendorf als Notkirche mit den Ziegelsteinen der zerstörten Johanniskirche.

20. November 1950
Im Obergeschoss des Gohliser Schlösschens wird das Bach-Archiv gegründet.

Treffpunkt Ost-West:
die Leipziger Messe

Die Leipziger Messe spielte seit den ersten Märkten 1190 und ihrer Ernennung zur Reichsmesse im Jahre 1497 durch Kaiser Maximilian I. immer eine herausragende Bedeutung für den Fernhandel. Hier findet 1895 auch die weltweit erste Mustermesse statt, seit 1917 dokumentiert im Logo der Leipziger Messe, den zwei übereinandergestellten M. Nach 1945 bricht das Messegeschäft erst mal zusammen, um mit einem Kleinhandel neu zu beginnen. Am 8. Mai 1946 eröffnet die erste Leipziger Messe nach Kriegsende, die Friedensmesse. Aussteller aus ganz Deutschland reisen an. So richtig an die alten Traditionen anknüpfen kann die Messe erst ab 1950: Mit dem Messehof wird der erste Messehaus-Neubau nach dem Krieg eingeweiht. Der internationale Handel entwickelt sich in den darauffolgenden Jahren wieder und die Leipziger Messe wird mit zum wichtigsten Platz für den Ost-West-Handel.

Beliebtes Maskottchen der Leipziger Messe: das Messemännchen.

Wiederaufbau nach dem Krieg: Die Villa Bamberger & Herz.

Ganz normal: Umzüge

Da im Krieg viele Häuser zerstört und nur nach und nach wiederaufgebaut werden konnten, waren Wohnungen knapp. Also mussten wir mal wieder umziehen.

Zuerst haben wir in der Hühnerbeinstraße gewohnt, das ist die heutige Blücherstraße in Möckern. In der Hühnerbeinstraße hatten wir eine sehr kleine Wohnung mit zwei Zimmern und Balkon. Gern saßen wir zu den Mahlzeiten auf dem Balkon. Manchmal gab es saure Milch mit Zucker und eingeweichtem Brot. Das hat uns sogar richtig gut geschmeckt.

Und wie bei vielen Familien stand auf dem Balkon noch ein Kaninchenstall. Im Jahre 1952 zogen wir dann nach einem kurzen Provisorium in die Georg-Schumann-Straße. Da wohnten wir gleich im Haus über dem Laden im dritten Stock in einer großen Fünf-Zimmer-Wohnung mit Wohnküche und großem Bad, richtig herrschaftlich. Der elf Meter lange Korridor bot sogar Platz für eine Kissen-Rutschbahn!

Tür an Tür mit der Untermieterin

Was will denn die hier? Wie damals üblich, hatten wir in der großen Wohnung eine Untermieterin, Frau Ruckig. Frau Ruckig war ein „spätes Mädchen". Als sie für etwa zwei Jahre bei uns einzog, waren wir Kinder ganz schön skeptisch, gewöhnten uns aber schnell daran. Uns hat Frau Ruckig nicht gestört. Wenn sie mittags von der Arbeit nach Hause kam und wir aus der Schule, hat sie oft mit uns gespielt. Von ihr haben wir Sticken gelernt und am liebsten haben wir Tischdecken bestickt. Leintücher, die wir in Weihnachtsdecken verwandelten, mit vorgedruckten Linien für Kerzen, Tannenzweige und Sterne. Das hat richtig Spaß gemacht! Manch einer hat diese Decken heute noch und legt sie zu Weihnachten auf.

Erst als wir Kinder größer wurden, gestand das Wohnungsamt der Familie zu, die Wohnung allein zu bewohnen und wies Frau Ruckig anderen Wohnraum zu. Wir haben nie wieder von ihr gehört.

Die Ringbebaung am Rossplatz entstand 1955.

Wohnung gesucht

Leipzig verliert im Zweiten Weltkrieg 16,7 Prozent aller Wohnungen. Zudem können zahlreiche stark beschädigte Häuser nur bedingt genutzt werden. Die schwerste Arbeit leisten ungezählte Trümmerfrauen, die Leipzigs Straßen und Gebäude von Schutt, Schlamm und Asche befreien: Erst drei Jahre nach dem Krieg, 1948, ist dieses Werk im Wesentlichen abgeschlossen, sodass gezielt der Wiederaufbau starten kann. Stadtplanung und Neuaufbau beginnen, denn die Wohnungsnot ist groß. Viele Familien rücken zusammen. Wo nur irgend möglich werden Untermieter einquartiert. Als Höhepunkte des Wohnungsneu- und ausbaus gelten in dieser Zeit die Jahre 1955 und 1959. Allein 1959 werden 2411 Wohnungen geschaffen. Ganze Straßenzüge, ein Teil der Friedrich-Ludwig-Jahn-Allee (1951), die Windmühlenstraße (1954), die Ringbebauung am Roßplatz(1955) und der Georgiring (1962) entstehen völlig neu.

Als öffentliche Bauten werden der Messehof (1950), die Gebäude der 1950 gegründeten Deutschen Hochschule für Körperkultur (DHfK) und das Zentralstadion (1956) übergeben. Auch wenn sich die Wohnverhältnisse verbesserten war nicht zu übersehen, dass die Wohnsituation in Leipzig zu DDR-Zeiten nie optimal war – trotz Wohnungsbauprogramms der SED.

Mit Kind und Kegel ins Grüne

Im Urlaub sind wir am liebsten weggefahren. Manche Familien konnten sich keine Ferienreisen leisten, aber die eine oder andere verband den Urlaub mit Dienstreisen, wie Eberhard Berger als Inhaber einer Sämereien- und Tierhandlung. Die Urlaubsziele richteten sich an den beruflichen Kontakten des Vaters aus. So ging es zu den Vogelfängern im Masserberg oder nach Lauscha, um Waldvögel abzuholen, die anschließend im Laden verkauft wurden. Wenn die Familie wieder nach Hause fuhr, standen auf der Ladefläche des Autos – ja eigentlich überall – vielleicht 20 oder 30 Käfige mit Vögeln, die wild zwitscherten und umherflatterten. Uns Kindern kam das keineswegs merkwürdig vor, für uns war das normal.

Und auch Sonntagsausflüge wurden dienstlichen Zwecken untergeordnet. Die beliebtesten Ausflugsziele ins Grüne waren für die Leipziger Schmannewitz, die Dahlener oder die Dübener Heide.

Im Urlaub war's immer schön, ob im Sommer oder im Winter.

men, mit kleinem Mikroskop, Lupe, Seziermesser, Heftchen, Bleistiften. Darunter auch Büchern zum Pressen von Pflanzen für ein Herbarium.

Wir zogen ins Rosental und haben nach Engerlingen und Raupen gegraben. Oder wir haben versucht, Schmetterlinge zu fangen. Jedes Tier wurde auseinandergeschnitten und unters Mikroskop gelegt, beobachtet und ausgewertet. Das hatte gar nichts mit dem Biologieunterricht in der Schule zu tun, das haben wir nur für uns gemacht, bestimmt zwei Sommer lang. Dann war wieder etwas anderes interessant.

Als Botaniker ins Rosental

Wer nur irgendwie durfte, hielt Haustiere. Da gab es nicht nur die Klassiker wie Hund oder Katze. Wir hatten Schlangen, Goldhamster und Aquarienfische im Kinderzimmer, auch Waldvögel, Zeisige oder Stieglitze. Mancher züchtete gar weiße Mäuse auf dem Dachboden.

In einer naturzugewandten Phase waren wir als „Botaniker" im Rosental unterwegs. Wir funktionierten einen ausrangierten Schulranzen um und stellten eine richtige Forscherausrüstung zusam-

Als Chemiker zu Hause

Den Anstoß gab ein Chemiebaukasten, den wir geschenkt bekommen hatten. Aber bei einem der Experimente spritzte Säure und traf auf den Petticoat der Schwester. Nun hatte der 1000 Löcher. Die neue Strumpfhose war auch hin. Nichts ließ sich mehr reparieren. Dabei waren die guten Sachen erst gerade vor drei Tagen in einem Westpaket angekommen. Nach jahrelangem Tragen von Leibchen mit Strumpfhaltern war diese Strumpfhose ihre Erste gewesen. Mit ihr ging ein Traum kaputt. Den Streit und die Tränen darum kann man sich leicht vorstellen.

Leipzig probt den Aufstand:
der 17. Juni 1953

Am 17. Juni 1953 trotzen Arbeiter und Intellektuelle mit Streiks und Demonstrationen der SED-Regierung. Aus allen Richtungen ziehen Demonstranten ins Stadtzentrum. Nach Schätzungen der Staatsorgane sind es ungefähr 40 000 Demonstranten. Zeitzeugen sagen, dass bis zu 100 000 Menschen ihren Protest gegen die mangelnde Versorgung, unerfüllbare Normen bei der Produktion und die Ignoranz der Regierung gegen jede realistische Argumentation zeigen. Bis zum Nachmittag des 17. Juni 1953 streiken mehr als 80 Betriebe. Gegen 16 Uhr wird im Bezirk Leipzig das Kriegsrecht verhängt. Daraufhin rollen russische Panzer durch die Stadt. Der verhängte Ausnahmezustand gilt bis zum 11. Juli 1953. Das Versammlungs- und Redeverbot betrifft selbst kleinste zusammenstehende Gruppen. Die „Volksmacht" greift mit brutaler Gewalt durch. Im Bezirk Leipzig kommen offiziell zwölf Menschen zu Tode, elf Demonstranten und ein Volkspolizist. Die Zahl der Verletzten wird nie genannt.

Dramatische Stunden: Die Leipziger setzen sich am 17. Juni 1953 gegen die Regierung zur Wehr. Vor dem Alten Rathaus brennt ein Pavillon der „Nationalen Front".

Und Schach!

Wohl jede Schule hatte verschiedene Arbeitsge-
meinschaften. Nachmittags wurde uns viel gebo-
ten: Volleyball oder Handball spielen, Zeichnen,
Stricken und Häkeln, zusätzlich Schach, Russisch
oder die Verkehrsregeln lernen, Briefmarken tau-
schen oder Basteln. Das Angebot entsprach nicht
zuletzt den Neigungen und dem Einfallsreichtum
der Lehrer. Eins gab es aber an wohl allen Schulen: einen Schulchor! Ihre Begeisterung für Musik
übertrugen viele Musiklehrer auf uns Schüler. Es
kamen zwar kaum Jungs zu den Chorproben, aber
wer dabei war sang mit Freude. Selbst die, die im
Grunde recht unmusikalisch waren.

Gruppenfoto vom Pioniernachmittag.

Am Auensee

Im Norden von Leipzig, in Wahren, hatten wir
einen herrlichen Treff: den Auensee im Luna-Park.
Dieser See entstand im Jahr 1909 aus einer Kies-
grube, die Material für den Bau des Leipziger
Hauptbahnhofes geliefert hatte. Viele Leipziger
Familien erholten sich dort im Grünen bei Spa-
ziergängen, Veranstaltungen im Haus Auensee
und auf dem Wasser. Man konnte Ruderboote aus-
leihen, wunderbar ausspannen und Wasserflöhe
fangen.

Für uns Kinder gab es eine ganz besondere Attraktion: die Pioniereisenbahn, eine Miniaturbahn mit
einer Spurweite von 381 mm. Sie hatte am 5.
August 1951 den Betrieb aufgenommen – mit
einer Liliputlokomotive Baujahr 1925 und vier offenen Personenwagen. Auf ihrem Rundkurs um den
Auensee legt sie (noch heute) eine Strecke von

1,9 km zurück. Es gibt einen Bahnhof und drei
Haltepunkte: die Stationen „Elsteraue", „Strand-
bad" und „Gustav-Esche-Straße." Auf der kleinen
Dampflok saß ein „richtiger" Lokomotivführer. Den
Fahrkartenverkauf, die Abfertigung, ja selbst den
Dienst an den Schranken im Park regelten aber
nicht die Deutsche Reichsbahn, sondern Jungs
und Mädchen in echten Eisenbahner-Uniformen.
Bei ihrem Anblick schlug das Herz eines jeden
Jungen höher.

Viele bewarben sich, aber bei den „Pioniereisen-
bahnern" mitmachen und die Uniform tragen durften nur Kinder, die auch in der Pionierorganisati-
on angemeldet waren. Heute heißt die Attraktion
Parkeisenbahn. Sie dreht noch immer von Anfang
April bis Ende Oktober Tag für Tag ihre Runden
um den idyllischen Auensee.

Familienfeiern und
andere Ereignisse

Familienfeiern, Geburtstage oder Jubiläen führten
die Familie zusammen. Das ließ sich keiner der
Erwachsenen entgehen. Höhepunkt war der jähr-
liche Fasching, der jedesmal unter einem anderen Motto stand. Einmal fand ein „Strandfest"
statt. Die Gäste kamen in Bikinis, Badeanzügen

oder Badehosen. Ein Strandkorb wurde aufgestellt, Fähnchen aufgehängt. Alles, was auch nur halbwegs maritim aussah, schien geeignet, um die Wohnung herauszuputzen.

Wir Kinder fanden das klasse und waren immer mittendrin. Es gab Bowle, Bockwurst und Kartof-felsalat. Auch unter den Erwachsenen ging es hoch her. Ein andermal feierten wir bei Onkel und Tante in der Richterstraße. Dort lautete das Motto „Zille." Schon im Treppenhaus hingen lange Leinen mit Unterhosen und Wäsche dran. Milieu eben. Wir hatten unseren Spaß!

Erich Zeigner wird Oberbürgermeister in Leipzig

Der 1886 in Erfurt geborene Erich Zeigner ist Jurist und Politiker. Am 1. Juni 1945 setzt ihn die Militärregierung als Leiter des Kulturamts der Stadt Leipzig und Rechtsrat ein, am 16. Juli 1945 beruft ihn der Militär-Kommandant der Sowjetischen Militär-Administration Generaloberst Trufanow zum Oberbürgermeister der Stadt Leipzig. Im Jahr 1946 gehört Zeigner zu den Mitbegründern der SED in Leipzig und Sachsen. Die neu gewählte Stadtverordneten-

Der Leipziger Oberbürgermeister Ernst Zeigner mit Mitarbeitern.

Versammlung wählt ihn auf ihrer ersten Sitzung 1946 einstimmig zum Oberbürgermeister und gibt ihm damit eine demokratische Legitimation. Im gleichen Jahr wird Zeigner in den sächsischen Landtag gewählt, im Mai 1947 zum Honorarprofessor für Verwaltungslehre an der Gesellschaftswissenschaftlichen Fakultät der Universität Leipzig ernannt. Außerdem leitet er das von ihm mitgegründete Institut für Kommunalwissenschaften. Im Jahr 1948 wird Zeigner Mitglied des Deutschen Volksrats in Berlin und im Oktober ordentlicher Professor für Verwaltungslehre. Bis zu seinem Tode am 5. April 1949 wohnt der angesehene Oberbürgermeister im Haus Zschochersche Straße 21, dem heutigen Erich-Zeigner-Haus in Plagwitz. Zu seinen Verdiensten für die Stadt gehören die rasche Wiedereröffnung der Leipziger Messe und der Universität. Er setzte sich für eine gründliche Entnazifizierung der Verwaltung und eine schnelle Normalisierung des täglichen Lebens ein.

Die Jahrhundertflut 1954 bescherte weiten Teilen Leipzigs eine Hochwasserkatastrophe.

Land unter!
Das Jahrhunderthochwasser 1954

Weiße Elster, Mulde und Pleisse sind eigentlich keine nennenswert großen Flüsse. Doch am 10. Juli 1954 treten sie nach tagelangen Regenfällen über ihre Ufer. Infolgedessen muss nicht nur die Stadt, auch das ganze Leipziger Land eine Unwetterkatastrophe verkraften. Das Wasser bahnt sich seinen Weg: Der Leipziger Westen ist fast gänzlich von der Welt abgeschnitten. Die Bewohner der Häuser an der Weißen Elster müssen ihre Wohnungen verlassen, die Brückenpfeiler des Elsterflutbeckens drohen einzustürzen. Am 12. Juli ist der Spuk vorbei.

Bis dahin halten Konsum und die staatliche Handelsorganisation HO über Sonderverkaufsstellen die Versorgung der Bevölkerung aufrecht, die Leipziger Verkehrsbetriebe fahren einen Notfahrplan für Bus- und Straßenbahnlinien. Es gibt Maßnahmen zur Evakuierung der Betroffenen und zur Verhinderung von Plünderungen und Hamsterkäufen.

Als die Pegel wieder sinken, wird das ganze Ausmaß der Katastrophe erst richtig sichtbar. Keller müssen leer gepumpt, Schlammschichten beseitigt, Häuser instand gesetzt werden. Parks und Gärten sind in Mitleidenschaft gezogen, Bäume entwurzelt, Straßen und Wege verwüstet. Die Landwirtschaft bestellt ihre Felder mit spät wachsenden Früchten und Getreide wie Kartoffeln, Kohl, Futterrüben und Mais, um einer Hungersnot vorzubeugen. Selbstlose Helfer erhalten eine im August gestiftete „Medaille für die Bekämpfung der Hochwasserkatastrophe im Juli 1954".

Ungetrübte Badefreuden

Leipzig liegt weder an der See noch in sonst einer Urlaubsregion. Ringsum gab es zwar einige alte Steinbrüche, zum Beispiel in der Gegend von Ammelshain und Naunhof, oder den Baggersee in Thekla. Aber dort zu baden galt als gefährlich. Und das war es auch.

Groß war daher die Freude, als das Sommerbad Schönefeld eröffnet wurde. Der Eintritt kostete 20 Pfennig für Kinder. Beliebt war auch das Lindenthaler Waldbad, das wir mit Bus oder Straßenbahn erreichen konnten. Dort mussten wir zwar Tickets kaufen, aber dafür sorgten Bademeister für Ruhe und Sicherheit. Daneben lockten eine große Liegewiese zum Spielen und Sonnen und am kleinen Kiosk gab's Bockwurst, Eis und Limonade.

Kleine Erfrischung gefällig?

Bahne frei, Kartoffelbrei!

Heute wie gestern: Im Winter gibt es für Kinder nichts Schöneres, als mit dem Schlitten den Berg hinabzusausen. Weder Eislaufen noch Skifahren konnte uns Leipziger Kinder mehr begeistern als Rodeln. Nur selten froren die paar Teiche und Seen so dick zu, dass das Eis zuverlässig hielt. Zudem hatten nur wenige Skier oder Schlittschuhe, aber ein Rodelschlitten gehörte wohl in allen Familien zur Grundausstattung. Da machte es gar nichts, dass manche nur „alte Hitschen" und ander richtig tolle Schlitten mit Hörnern zum Festhalten hatten.

Wenn die ersten dicken Schneeflocken fielen und liegen blieben, zogen wir los: Je nachdem, wo man wohnte, ging es zum Rodelberg im Mariannenpark, zum Fockeberg in Connewitz oder, bei Groß und Klein besonders beliebt, zu den „Warzen" im Rosental. Gern trafen wir uns auch am „Scherbelino", wie wir den Scherberlberg dort nannten. Da ging's oft hoch her. Manchmal banden wir zwei, drei Schlitten aneinander und nannten das „Bobfahren." Mit dem Ruf „Bahne frei, Kartoffelbrei" sausten wir ins Tal.

Die Kneipe am Gohliser Schlösschen

In Gohlis gab es das Gasthaus am Gohliser Schlösschen, mit einem Flügel im Gastraum und einem großen Biergarten hinterm Gasthaus. Geselligkeit stand hoch im Kurs, und so besuchte man das beliebte Gasthaus nicht nur allein oder zu zweit, sondern traf sich dort mit der ganzen

Immer ganz in Familie und immer gemütlich: Im Biergarten in Gohlis.

Familie. Der Wirt und die Angestellten kannten viele ihrer Stammgäste persönlich. Wenn wir kamen, spielte der Leipziger Musiker Kurt Henkels, der später eine eigene Band gründete, Omas Lieblingslieder.

Wir Kinder gingen gern mit. Da war doch was los! Vor allem, wenn Onkel Willy dabei war, der als weinseliger Elsässer für sein Leben gern „einkehrte" und es ebenso gern sah, wenn wir ihn begleiteten.

Stille Nacht, heilige Nacht

Überhaupt, die Familie. Selbstverständlich feierten wir Weihnachten im großen Familienkreis. Wir Kinder durften vier Wochen lange nicht mehr ins Wohnzimmer, das wir in dieser Zeit Weihnachtszimmer nannten. Für die Väter begann parallel die große Bastelzeit, in der sie alles für das Fest vorbereiteten. Die elektrische Eisenbahn musste aufgebaut, der Baum geschmückt werden.

Augen zu!

Natürlich haben wir versucht, durch's Schlüsselloch zu gucken, aber da war nie viel zu sehen. Am Weihnachtsabend selbst warteten wir also in der Küche. Es gab eine Kleinigkeit zu essen, dann gingen die Eltern ins Weihnachtszimmer, legten Weihnachtslieder auf und kamen mit bedeutendem Blick heraus.

Uns Kindern wurden die Augen beim Hineingehen zugehalten und dann war es so weit: Der Baum strahlte und wir nahmen die Geschenke entgegen: Ein neuer Baukasten, neue Kleider für die Puppe, Indianer zum Spielen, Planwagen, Blockhütten und eine dreistöckige Puppenküche mit Möbeln von Großeltern und Eltern.

Alte Traditionen:
die Hochschule für Musik

Der Komponist und Gewandhauskapellmeister Felix Mendelssohn Bartholdy (1809–1847) gründete am 2. April 1843 ein Conservatorium der Musik in Leipzig, das seinen Sitz zunächst im (ersten) Gewandhaus im Gewandgäßchen hatte. Als Lehrkräfte für die Orchesterinstrumente werden (noch bis 1990) Musiker des Gewandhausorchesters verpflichtet, die so ihren Orchesternachwuchs ausbilden. Im Jahr 1924 wird das inzwischen Königliche Konservatorium (nachdem es das Königreich Sachsen schon sechs Jahre nicht mehr gab) in Landeskonservatorium der Musik zu Leipzig umbenannt. Das entwickelt sich bis zum Zweiten Weltkrieg zur viertgrößten Musikhochschule des Deutschen Reichs. Von 1939 bis 1945 ist der österreichische Komponist Prof. Johann Nepomuk David (1895–1977) Direktor dieser Einrichtung, der schon seit 1934 als Professor am Landeskonservatorium wirkte. Am 8. Juni 1941 wird das Landeskonservatorium in Staatliche Hochschule für Musik, Musikerziehung und darstellende Kunst umbenannt. Im Jahr 1944 stellt die Musikhochschule kriegsbedingt ihren Betrieb ein. Erst am 1. Oktober 1946 wird die Hochschule unter dem Namen Mendelssohn-Akademie wiedereröffnet.

Der Konzertsaal der Hochschule für Musik wurde 1943 leider zerstört.

Das Leipziger
Gewandhaus

Am 11. Dezember 1884 eröffnet im Musik-
viertel südwestlich der Altstadt (Grassistra-
ße/Beethovenstraße) nach Plänen von Mar-
tin Gropius ein neues Konzerthaus, das die
Leipziger bald schon als Neues Gewandhaus ins Herz schließen. Erbaut wird es
durch Heino Schmieden, finanziert durch
einen Kredit aus dem Nachlass von Franz
Dominic Grassi. Dieses Konzerthaus bietet
im großen Saal 1700, im Kammermusik-
saal 650 Gästen Platz. Am 3. und 4.
Dezember 1943 sowie am 20. Februar
1944 wird es durch Bomben schwer
beschädigt. Zunächst war nach dem Krieg
geplant, das Gebäude wieder aufzubauen.
Letztlich wird aber entschieden, die Reste
des Gebäudes zu zerstören und ein neues
Gebäude an anderer Stelle zu errichten.
Das Gewandhausorchester benötigt wäh-
renddessen eine andere Bleibe. Von 1944
bis 1945 spielten die Musiker im Kino
Capitol, ab 1946 finden die Gewandhaus-
konzerte als Nachkriegsprovisorium noch
bis 1981 in der Kongresshalle am Zoologischen Garten statt.

Chronik

1. April 1951
Gründung des VEB Stadtbeleuchtung.

25. April 1951
Gründung des St.-Benno-Verlages, des einzigen
katholischen Verlages in der DDR.

8. März 1952
Die neue Städtische Frauenklinik in der Eitingon-
straße (ehemals Israelitisches Krankenhaus)
wird ihrer Bestimmung übergeben.

23. Juli 1952
Leipzig wird Hauptstadt der neuen Verwaltungs-
einheit „Bezirk Leipzig".

10. August 1953
Der Flughafen Leipzig/Schkeuditz wird unter der
Nr. 25 in das Luftfahrtregister der Flugplätze der
DDR eingetragen.

26. März 1953
Grundsteinlegung für den Neubaukomplex der
Deutschen Hochschule für Körperkultur.

20. März 1954
Erster Auftritt des Kabaretts „Pfeffermühle".

23. April 1954
Die Deutsche Zentralbücherei für Blinde bekommt erstmals in ihrer 60-jährigen Geschichte
ein eigenes Domizil in der Gustav-Adolf-Straße.

31. Dezember 1955
Die Einwohnerzahl ist nach den dramatischen
Rückgängen als Folge des Zweiten Weltkrieges
wieder gestiegen und liegt bei 613 707.

Auf dem Schulhof mit dem
Klassenlehrer.

Deutschlehrer Precht

Deutschlehrer Herr Precht war einer von altem Schrot und Korn. Er gab sich hart, ja knallhart, und war dabei doch immer gerecht. Er hatte das Herz auf dem rechten Fleck und war außerordentlich humorvoll. Seit dem fünften Schuljahr war er unser Klassenlehrer und hatte unsere Truppe so richtig im Griff. Wir konnten ihn gut leiden, denn er nahm auch Schüler ernst, die keine Streber waren, aber sich ehrlich bemühten. Wenn sie ein bißchen begriffsstutzig waren, half er ihnen auf die Sprünge. Bei ihm hat das Lernen Freude gemacht. In der letzten Stunde des Schuljahres vor den Ferien las er uns aus „TEPETEPE" vor, einem lustigen Kinderbuch.

Selbst unser Mathelehrer, der Herr Planitzer, war spitze. Da hatten wir wirklich Glück gehabt. Auch er war streng, aber wir haben den Lernstoff gut verstanden und die Noten waren in Ordnung – für die meisten jedenfalls. Das Einzige, was wir ihm übel nahmen, war, dass er die uns allen verhasste Biologielehrerin geheiratet hat.

Bausteine von Hinkel & Kutschbach

Hinkel & Kutschbach war ein riesengroßer Spielwarenladen am Neumarkt. Dort gab es die tollsten Sachen. Waren wir in der Stadt, sahen wir uns an, was es gerade Neues gab. Klar, wir konnten es uns nicht immer leisten, etwas zu kaufen, aber die Mutter merkte sich genau, woran die Kinderaugen am meisten hingen. Und dann gab es zum Geburtstag oder zu Weihnachten die ersehnten Spiele. Die begehrten Bausteine waren die Vorläufer der Lego-Steine, die wir in der DDR Pebe nannten. Sie bestanden aus einer Art Steinmasse in den Farben Weiß und Rot. Das war ein schöner Baukasten! Unermüdlich bauten wir Häuser und Kirchen.

Uns fiel immer etwas ein

Wir haben nicht nur viel auf der Straße gespielt, sondern eine Zeit lang, ganz gleich wie das Wetter war, auch gern zu Hause. Unsere Wohnung war groß genug. Wir durften immer Freunde mitbringen oder zu anderen Kindern gehen. Kartenspiele, stöbern auf dem Dachboden, basteln. Uns fiel immer etwas ein.

Indianer aus Plastilina

Ein Freund hatte ein ganz besonderes Hobby: Er knetete für sein Leben gern Figuren aus Plastilina. Das war eine Masse in verschiedenen Farben, die man in der Hand weich knetete, um daraus

In der 5. Klasse.

Köpfe, Arme und Beine, Kugeln oder Nasen zu formen, ja ganze Figuren zu bilden. Bei ihm entstanden Indianerdörfer, Cowboys und Tiere, je nach Lust und Laune auch ganze Armeen mit Soldaten. Das Wunderbare daran: Wenn sie beim Spielen kaputt gingen, machte ihm das nichts aus! Er knetete einfach neue Teile und der Spaß ging weiter.

Eine Welt: Basteln, Sticken, Trompete spielen

Wir haben viel gebastelt, geklebt und Ausschneidearbeiten gemacht. Jeder neue Ausschneidebogen erschien uns verheißungsvoll. Ausschneiden, falzen, zusammenkleben. Es entstanden ganze Dörfer aus Papier mit Häusern, Zäunen und Stra-

ßen. Wenn das nicht mehr ausreichte, konstruierten wir die Häuser selbst, bemalten und beklebten sie.

Manche Kinder durften ein Instrument lernen, zum Beispiel Trompete. Den Privatunterricht leitete ein Trompeter aus dem Stabsmusikcorps Leipzig, Herr Bär, ein netter Typ. Allerdings machte das Üben nicht jedem Spaß.

Während andere Kinder draußen spielten, mussten wir täglich eine Stunde trompeten. Aber das gemeinsame Musizieren im Jugendblasorchester, das gefiel uns dann doch.

Ilona und Reinhard Berger als Trompeten-Duo.

Gründung einer „Autoren-Schmiede":

das Leipziger Literaturinstitut

In Leipzig wird 1955 ein Literaturinstitut gegründet. 1958 erhält es Hochschulstatus und 1959 den Namen „Johannes R. Becher". Zu den fast 1000 Absolventen zählen bedeutende Schriftsteller wie Heinz Czechowski, Kurt Drawert, Adolf Endler, Ralph Giordano, Sarah und Rainer Kirsch, Erich Loest, Andreas Reimann, Gerti Tetzner und Fred Wander. Die Lehre knüpft an den Schreibinteressen junger Autoren an. So stehen schöpferische Seminare für Lyrik, Prosa und Dramatik im Mittelpunkt der Ausbildung. Der Lyriker Georg Maurer leitet es von der Gründung bis 1970.

Schnelle Küche

Die meisten Mütter waren berufstätig. Da wurde an den Wochentagen nicht viel gekocht. Meist kamen nur schnelle Gerichte auf den Mittagstisch. Pellkartoffeln mit Quark und Leinöl zum Beispiel oder Bratkartoffeln mit Klops. Nudelsuppe schmeckte am besten mit vom Vater selbstgemachten Nudeln. Sonntags war das natürlich etwas anderes: Da gab es oft herrlich duftende Braten mit echten Thüringer Klößen oder gebratene Hühnerbeinchen, eben typisch deutsche Hausmannskost. In den meisten Familien bestimmten die Vorlieben des Familienoberhauptes, was Mutter in der Küche zubereitete. Waren grüne Bohnen nicht Vaters Geschmack, gab es die nur als „große Ausnahme". Wenn also die restliche Familie ihren Appetit auf dieses Gemüse stillen wollte, bekam Vater eine Extrawurst.

Das Foto mit dem Eisbär gab's jedesmal auf der Leipziger Kleinmesse.

Auf zur Kleinmesse!

Zweimal jährlich fand damals die Kleinmesse statt, so heißt in Leipzig der Rummel. Sie hatte auch abends noch auf. Wenn unsere Eltern Zeit und Lust hatten, sind wir losgezogen, die ganze Familie und Bekannte gingen oft mit. Die Geisterbahn gefiel uns am besten. Nicht jeder mochte und vertrug allerdings Riesenrad und Hochschaukel. Gern haben wir uns mit einem „falschen" Eisbär fotografieren lassen, der stets für Aufnahmen bereitstand. Das war fast eine Tradition.
Auch die kleine Eisenbahn, die Jahr für Jahr rings um einen Teich mit Plastikschwan fährt, gab es damals schon. Die Eltern mussten aufpassen und

winken, wenn wir an ihnen vorbeigerollt sind. Später sind wir am liebsten Autoscooter gefahren. Da fühlten wir uns doch gleich erwachsen.

Gern gesehen: Messegäste aus dem Westen

Typisch für Leipzig: Zu den Frühjahrs- und Herbstmessen kamen Messegäste, die nicht im Hotel wohnten (es gab einfach zu wenige), sondern in Privatquartieren. Viele Familien räumten dann extra ein Zimmer frei und vermieteten es an „Messeonkel" – ein schöner Zuverdienst. So kam

Die Messe in Leipzig – Trubel auf der Grimmaischen Straße.

beispielsweise jährlich ein Fabrikbesitzer aus Stuttgart, der Vogelkäfige und Aquarien herstellte und auf der Messe anbot. Als Inhaber eines Fachgeschäfts konnte man bei ihm zwar nichts einkaufen, aber wenn die Messe zu Ende war, blieben die Käfige und andere Ausstellungsstücke vom Messestand da: Verchromte Käfige und Aquarien, wie sie sonst keiner anbieten konnte. Man musste schon geschäftstüchtig und gut im Organisieren sein!

Lederhosen aus Bayern

Die Messegäste waren eigentlich immer nett, auch zu uns Kindern. Einer brachte uns bayrische Lederhosen mit. Eine mit roten Herzchen für die Schwester und eine Jungshose für den Bruder. Die Hosen waren praktisch, wurden nie richtig schmutzig und gingen nicht kaputt. Durch diese

Westbekannten haben wir immer gute Klamotten bekommen. Die Gastfreundschaft führte auch zu Gegeneinladungen.

So konnten Mutter und Tochter 1956 sogar zu einem Besuch nach Stuttgart fahren. Leider bekamen nicht alle die erforderliche Erlaubnis für die Reise. Der Vater konnte nicht mit, weil ja einer im Laden bleiben musste. Der Sohn durfte nicht mit. Die Behörden gestatteten es nicht, weil er schon zur Schule ging – so lautete die absurde, offizielle Begründung.

Und was haben die beiden, Mutter und Tochter, nicht alles erlebt während ihres kurzen Aufenthalts im Westen. Ihre Gastgeber hatten sich alle Mühe gegeben und sie sogar mal in ihrem Privatflugzeug über Stuttgart geflogen. Was wir von den Messegästen nie bekamen, auch später nicht, waren Jeans und Kaugummi. Die waren in den 1950er Jahren im Westen noch nicht salonfähig. Da ging es ums Prinzip.

Alltag zur Leipziger Messe: Besucher aus der „Westzone" müssen sich anmelden.

Ausfahrt mit Onkel Fritz.

Abenteuer auf dem Land

Wer in den Ferien besonders Glück hatte, konnte mit seinen Eltern richtige Urlaubsreisen unternehmen oder zu Verwandten fahren. Besonders schön fanden wir Stadtkinder Ausflüge in die Natur. Reinhard Rössler erinnert sich, dass zu seinen schönsten Ferienerlebnissen die Ausflüge zu Onkel Fritz nach Wurzen gehörten. Der war Tierarzt und zwischen beiden gab es das „geheime"

Abkommen, dass der Neffe den Onkel zu seinen Hausbesuchen auf den Dörfern begleiten durfte. Dort mussten dann Hunde kuriert, Schweine geimpft, Ferkel kastriert oder Kühe von ihren Blähungen befreit werden. Das waren jedes Mal spannende Abenteuer, die schon auch mal nachts stattfanden.

In Wurzen bei Onkel Fritz im Garten.

Sportstadt
Leipzig

Das Turn- und Sportfest der DDR (DTSF) findet von 1954 bis 1987 insgesamt achtmal in Leipzig statt. Das Erste geht noch auf der Festwiese neben dem geplanten Zentralstadion, im Stadion des Friedens und im Bruno-Plache-Stadion über die Bühne, das zweite DTSF schon im neuen, 1956 eröffneten Zentralstadion. Hier finden dann, wie bei allen folgenden Festen, die Hauptveranstaltungen statt. Obligatorisch ist die als sportliche Propagandaveranstaltung

Leipzig war damals die Sportstadt der DDR.

groß aufgezogene Sportschau. Dazu kommen meist ein Fußball-Länderspiel, ein internationaler Leichtathletik-Wettkampf sowie eine jedes Mal farbenprächtigere Abschlussveranstaltung.
Ganz Leipzig fiebert bei diesen Ereignissen mit. Straßen und Plätze werden geschmückt, Eintrittskarten für Stadien und Spielstätten besorgt. Wer irgend kann, vermietet ein Zimmer an Sportler oder Gäste. Die Betten in den Hotels, selbst in den zu Unterkünften umfunktionierten Schulen und Internaten, reichen nie aus.

Beim II. Turn- und Sportfest der DDR 1956 im Leipziger Zentralstadion. Der Frauenverband probte auf der Festwiese vor dem Stadion.

Unser Zentralstadion, das Stadion der 100 000

Das 1. WM-Qualifikationsspiel der DDR im Leipziger Zentralstadion 1957 gewinnt die DDR gegen Wales 2:1. Die beiden Mannschaften haben vor dem Spiel Aufstellung bezogen.

In den 1920er Jahren gab es Pläne, nahe der Innenstadt in den Elsterniederungen auf den Frankfurter Wiesen eine Großkampfbahn zu errichten. Dieses Vorhaben wird nie realisiert. Dafür legt 1948 ein Stadtbebauungsplan fest, dass der Schutt der Leipziger Kriegstrümmer zum Aufbau eines Sportforums verwendet werden soll.

Im Jahr 1952 wird zuerst das Schwimmstadion fertiggestellt. Unmittelbar daneben findet 1954 auf der Festwiese das 1. Turn- und Sportfest der DDR mit 70 000 Zuschauern statt. Das Zentralstadion am Elsterbecken entsteht zwischen 1954 und 1956 unter der Leitung von Karl Souradny. Für den 23 Meter hohen Wall für die Sitzreihen werden 1,5 Millionen Kubikmeter Kriegstrümmer angekarrt und aufgeschüttet. 1956 ist es so weit:

Mit 100 000 Sitzplätzen ist es (bis zu seinem Umbau im Jahr 2000) eines der größten Stadien Europas. Hier finden die Turn- und Sportfeste der DDR, alle wichtigen DDR-Fußball-Länderspiele und Leichtathletik-Wettkämpfe statt.

Der bis heute gültige Zuschauerrekord für Fußball-Punktspiele in Deutschland wird am 9. September 1956 erreicht, als mehr als 100 000 Zuschauer das Ortsderby zwischen SC Rotation Leipzig und SC Lokomotive Leipzig besuchen. Darüber hinaus gibt es weitere ausverkaufte Begegnungen: Zum Beispiel das legendäre Fußballspiel am 6. Oktober 1956 zwischen dem SC Wismut Karl-Marx-Stadt und 1. FC Kaiserslautern mit dem berühmten Fritz-Walter-Tor.

Leipziger Fußball-Legende:
Wolfram Löwe

Fußball hat in Leipzig eine lange Tradition. Doch kaum ein Spieler ist seinen Fans in so guter Erinnerung wie Wolfram Löwe. Die Stürmer-Karriere des am 14. Mai 1945 geborenen „Wolle" beginnt, als er als Zehnjähriger in die Fußballmannschaft Turbine Markranstädt eintritt. Bereits fünf Jahre später spielt er in der ersten Spielklasse, der DDR-Oberliga, bei SC Rotation Leipzig mit. Als 1963 auf Anordnung von „ganz Oben" das Leipziger Vereinsleben umgebildet wird, lehrt Löwe beim SC Leipzig seinen Gegnern das Fürchten – mit blitzschnellen Flügelsprints und faszinierenden Sturmläufen.

Später, als der Verein 1. FC Lokomotive heißt, bringt er im Zusammenspiel mit Sturmpartner Henning Frenzel die Abwehrreihen der Gegner durcheinander. In 321 Oberligaspielen erzielt Löwe für „Lok" 87 Tore. Er begeistert bei internationalen Cups und feiert große Erfolge als Mitglied im Team der DDR-Nationalelf, für die der Außenstürmer zwischen 1967 und 1977 43-Mal auf das Spielfeld läuft und zwölf Tore schießt, unter anderem bei den Olympischen Spielen in Montreal 1976. Seinen letzten großen Coup erleben die Fans im Oktober 1977 im WM-Qualifikationsspiel gegen Österreich: Wolle dribbelt im Zentralstadion durch die Abwehr des Gegners und erzielt den 1:1-Endstand. Nach 25 Jahren ist Schluss, 1980 zieht er die Fußballschuhe endgültig aus. In Leipzig ist Wolle unvergessen, ein ebenbürtiger Nachfolger ist bis heute nicht gefunden.

So liebten seine Fans Wolfram „Wolle" Löwe: angriffstark und zielgenau am Ball.

Immer unterwegs mit dem Opel.

Auto kaputt!

Nur wenige Familien hatten ein Auto. Meist hatten die Eltern dann ein eigenes Geschäft oder ein Unternehmen und der Geschäftswagen wurde eben auch privat genutzt. So zum Beispiel einen alten Opel, den der stolze Besitzer gekauft hatte, als der Krieg gerade losging. Er fuhr ihn so lange, bis er als Soldat eingezogen wurde. Davor aber baute er den Motor auseinander und legte alle Einzelteile daneben. Damit das Auto niemand wegfahren konnte, machte er es mit einer Schaufel Sand unbrauchbar. Eine ganz besondere Art Diebstahlsicherung!

Als die Russen kamen und ihm die Pistole auf die Brust setzten, weil sie das Auto abholen wollten, hat er ihnen alles gezeigt: Auto kaputt, Maschine kaputt. Sie zogen ohne den Opel ab. In mühevoller Kleinarbeit und mit einem benachbarten Autoschlosser wurde das gute Stück wieder fahrbar gemacht und leistete weiter seinen Dienst.

Mit dem Auto durch Leipzig

Wir Kinder durften oft mit, wenn der Vater zum Großhändler fuhr, um Ware einzukaufen. Wir halfen, alles zu tragen und einzuladen. Vater ließ sich gerne etwas Witziges einfallen, wenn er mit uns unterwegs war. Dann wurde das Auto zum Flugzeug und der Vater zum Steward: „Wir fliegen in 300 Meter Höhe. Unter uns liegt Leipzig. Wenn Sie nach rechts blicken, sehen sie das Völkerschlachtdenkmal, wenn sie nach links sehen, steht dort das Alte Rathaus." Oder wir kauften Brötchen und einen Zipfel Mettwurst. Mit dem Taschenmesser haben wir uns alles zurechtgeschnitten. Zu Hause schmeckte es nie so gut, wie wenn wir unterwegs waren.

Auf diese Weise haben wir viel von der Stadt und den umliegenden Dörfern gesehen. Nicht viele Kinder genossen dieses Privileg.

Georg Christoph Biller wurde 1992 zum Thomaskantor zu Leipzig berufen und ist damit der 16. Thomaskantor nach Johann Sebastian Bach.

Georg Christoph Biller, Thomaskantor

Biller, 1955 als Pfarrerssohn in Nebra geboren, kam schon als Kind nach Leipzig. Seine erste musikalische Ausbildung erhielt er von 1965 bis 1974 als Thomaner. Mit dem Abitur in der Tasche studierte der junge Musiker zwischen 1976 und 1981 Orchesterdirigieren und Gesang an der Hochschule für Musik und Theater „Felix Mendelssohn Bartholdy" Leipzig. Verdienste erwarb er sich unter anderem als Leiter des Gewandhauschores von 1980 bis 1991. Seit 1983 ist er Mitglied der Akademie der Künste Berlin. 1985 wurde er mit dem Osaka-Musikpreis ausgezeichnet. 1991/1992 lehrte Biller als Dozent für Chordirigieren an der Hochschule für Musik und Darstellende Kunst Frankfurt am Main und Hochschule für Musik Detmold. 1992 wurde er zum Thomaskantor zu Leipzig berufen und ist damit der sechzehnte Thomaskantor nach Johann Sebastian Bach. Im Jahre 1994 erhielt Georg Christoph Biller eine Professor für Chordirigieren an der Hochschule für Musik Leipzig.

Im Zeitungsladen an der Ecke

Der Zeitungsladen an der Ecke war einer der Dreh- und Angelpunkte im Viertel. Nicht nur für die Erwachsenen, auch für uns Kinder. Oft wurden wir geschickt, um eine Tageszeitung zu kaufen oder Zigarren für den Opa. Die gab es damals noch einzeln, verpackt in Papiertüten. Die Münzen zum Bezahlen hielten wir krampfhaft in der Hand, damit sie ja nicht verloren gingen. Meist trafen wir dort andere Kinder mit ähnlichen Aufträgen. Manchmal mussten wir scheinbar ewig warten, bis erwachsene Kunden ihr Schwätzchen mit der Verkäuferin endlich beendet hatten. Ab und zu hatten wir eigenes Geld dabei: Für Stammbuchsbilder oder fürs Mosaik. Jede neue Ausgabe der Comiczeitschrift von Hannes Hegen war ein Ereignis. Sie wurde 1955 zunächst mit den Digedags aufgelegt. Es waren die einzigen unpolitischen Kindercomics, die populär und witzig Geschichte und Geschichten darstellten.

Bei Woolworth gab's immer etwas.

Das Mosaik genießt Kultstatus – damals wie heute.

Das Mosaik

Die Abenteuer von Dig, Dag und Digedag waren nicht nur originell in Szene gesetzt, sie erzählten auch in spannenden Serien vom Leben in China, dem Bau der großen Mauer oder vom Weg der Eisenbahnbauer in Südamerika. Sie brachten uns die Technikgeschichte vom Erzbergbau und die Nutzung der Dampfkraft nahe. Mit den Digedags reisten wir ins alte Rom und mit europäischen Auswanderern zu den Indianern nach Amerika. Wunderbar zu lesen und anzusehen war die Mittelalterserie mit Ritter Runkel. Ein Freund kannte die Titel der Ausgaben und die zugehörige Nummer im Schlaf. Kaum einer tauschte seine Hefte gegen irgend etwas anderes ein.

Immer zu tun

In der ewigen Mangelwirtschaft nach dem Krieg musste viel improvisiert werden. Da haben auch wir Kinder im Haus und im Geschäft viel geholfen. Das hat sogar Spaß gemacht. Es gab zum Beispiel kaum Vogelsand. Also haben wir ihn selbst hergestellt. Da fuhren wir in eine Sandgrube und holten fünf, sechs Säcke gekörnten Sand im Anhänger. Der wurde mit Grit, das sind ganz kleine Kalkteile, und mit Anis in großen Blechschüsseln, die wir Asch nannten, stundenlang gemischt. Der fertige Vogelsand wurde kiloweise in Tüten abgefüllt. Das war ganz leicht: Abwiegen, einfüllen, stoßen, zudrehen und dann mit zwei „Ohren" richtig verschließen, damit nichts rausfällt.

Die erste Zigarette

Manchmal ist mit der ersten Zigarette nicht nur die Erinnerung an ein furchtbares Unwohlsein verbunden, sondern an eine ganz eigene Geschichte. So wie bei Reinhard Rössler: „Kurz vor einer unserer Familien-Faschingsfeiern habe ich meinem Vater zwei, drei Zigaretten stibitzt: Marke Orient, oval, aus der Klappschachtel. Mein Cousin und ich haben uns dann im Rosental ins Gebüsch gesetzt, um heimlich zu rauchen. Nach drei Zügen gab es einen Knall und wir hatten nur noch einen Besen im Mund. Mein Vater hatte die Zigaretten für einen Faschingsspaß präpariert und kleine Hölzchen mit Knallerbsen reingesteckt. Das konnte keiner ahnen. Verletzt waren wir nicht, aber erschrocken! Das Vergnügen war so kurz, dass uns nicht mal schlecht geworden ist."

Die Leipziger
Straßenbahn

Die Leipziger lieben ihre Straßenbahn, seit am 18. Mai 1872 die Pferdeeisenbahn den Linienbetrieb aufnahm. Und erst recht, als sie seit der Elektrifizierung 1896 mit der „Elektrischen" durch ihre Stadt und sogar bis nach Schkeuditz fahren können. Die Bimmel fährt selbst während des Krieges, wenn auch nicht immer regelmäßig und auf allen Linien. Am 1. Juli 1946 wird die Verwaltung der Bahn an die Leipziger Verkehrsbetriebe (LVB) übergeben. Aufgrund der neuen politischen Situation strukturiert man auch die Leipziger Verkehrsbetriebe um.

Am 22. März 1949 werden sie zunächst in das Kommunale Wirtschaftsunternehmen (KWU) Leipzig eingegliedert. Bis zum 1. Oktober 1951 bleibt die Gesellschaft noch offiziell Eigentümer der Bahnstrecken. Erst an diesem Tag wird sie vollständig vom VEB (K) Verkehrsbetriebe der Stadt Leipzig, den LVB übernommen. Schritt für Schritt wird der Fuhrpark erneuert. Die ersten Neubauwagen vom VEB Lokomotiv- und Waggonbau Werdau oder Gotha-Gelenktriebwagen rollen zum Beispiel 1951 durch Leipzig.

Nichts geht mehr: Überfüllte Straßenbahn in der Leipziger Innenstadt.

Im Gleisnetz wurden einige Betriebs- und Verbindungsstrecken stillgelegt, andererseits jedoch viele neue Gleisdreiecke gebaut, so in Knautkleeberg, an der Virchow-/Gottschallstraße und in Wiederitzsch, Durch neue Wendeschleifen wie an der Märchenwiese, am Zentralstadion/Feuerbachstraße oder an der Mockauer Post können die Strecken flexibler bedient werden.

Berühmt für ein obergäriges Weißbier: Die Gosen-Stube „Ohne Bedenken".

Not macht erfinderisch:
Leipziger Gastronomie

Ob mit den Eltern oder die ersten Male allein. Gingen wir in eine Gaststätte essen, galt es flexibel zu sein. Wollte man zu Vaters Geburtstag oder der Goldenen Hochzeit der Großeltern in einem ganz bestimmten Restaurant essen, musste der Tisch lange im Voraus bestellt werden. Bei spontanen Besuchen durfte man sich klugerweise nicht auf diese oder jene Gaststätte festlegen. Es konnte ja sein, dass die gerade überfüllt war. Dann zog man weiter. Mittags oder abends stand man trotzdem meist in einer Schlange.

War man endlich dran, teilte der Kellner einen freien Tisch zu, an dem meist schon zahlreiche andere Gäste saßen. Von Privatheit keine Spur, denn seine Tischgesellschaft konnte man sich nicht aussuchen und aß gemeinsam mit wildfremden Leuten, die einem nicht unbedingt sympathisch waren. Diskussionen mit dem Kellner führten zu nichts, außer zu weiteren, unliebsamen Wartezeiten – zur Strafe, weil man aufgemuckt hatte. Auch bei der Auswahl der Speisen durfte man nicht pingelig sein. Manches auf den ohnehin überschaubaren Speisekarten war mit einem x angekreuzt. Das waren Speisen, die es nicht gab. Mal war die Roulade gerade aus, mal das Schnitzel. Fisch war sowieso Glückssache.

Leipziger Allerei –
Das Original

Es ist eines der wenigen Leipziger Rezepte, die es zu überregionalem Ruhm gebracht haben. Und dazu wird es auch noch oft verwechselt. Das Leipziger Allerlei ist kein langweiliger Eintopf, sondern ein knackiges Gemüsegericht. Man kann es einzeln als Hautgericht genießen oder zu einem deftigen, sächsischen Braten. Es passt als Beilage zum gebratenen Schnitzel ebenso wie zu zartem, gedünstetem Fisch.
Das Rezept findet man Ende des 18. Jahrhunderts im Kochbuch der Leipzigerin Susanna Eger. Die Gemüse können je nach Jahreszeit variieren, aber ohne Morcheln und Flusskrebsschwänze geht es nicht!

Nur echt mit Morcheln und Flusskrebsschwänzen – das original Leipziger Allerlei.

Zutaten:
je 250g Möhren, Kohlrabi, Spargel, Blumenkohl und Morcheln, 500g Schoten, 2–4 Flusskrebse, 100g Butter, 2–3 Eier, 1 Muskatblüte, geriebene Semmel, 50g Mehl, Gemüsebrühe

Zubereitung:
Möhren und Kohlrabi putzen, in gleichmäßig lange Streifen schneiden. Von den Schoten die innere harte Haut abziehen und alles mit den Schotenkernen in Salzwasser kochen. Den geschälten, in fingerdicke Streifen geschnittenen Spargel in der Gemüsebrühe dünsten. Blumenkohl in Röschen teilen und in Milchwasser, dem man Butter und Salz zusetzt, kochen. Morcheln teilen und in Butter weich dämpfen. Gesottene Krebse zerteilen, die Schwänze vorsichtig ausbrechen und die geputzten Nasen mit Salz abreiben.
In 50 Gramm schaumig gerührter Butter das Eigelb und das zu Schnee geschlagene Eiklar mit etwas Muskatblüte und geriebener Semmel vermengen. Mit dieser Farce die Krebsnasen füllen. Aus dem Rest Klößchen formen und beides fünf Minuten in Salzwasser kochen. Danach aus 100 Gramm Butter und 50 Gramm Mehl eine Mehlschwitze bereiten und so viel Spargel- und Blumenkohlwasser zugeben, dass man eine schöne Sauce bekommt. Das Mischgemüse, außer den Morcheln, in eine Schüssel füllen und die Sauce darübergießen. Dann Klößchen und Krebsschwänze dazugeben, alles mit brauner Butter beträufeln, und obenauf Morcheln, Krebsscheren und -nasen anrichten. Guten Appetit!

Wir waren mächtig stolz.

Jugendweihe und Konfirmation

Die Vorbereitungen auf die Jugendweihe begannen schon zu Beginn der 8. Klasse. Fast alle Schüler nahmen an ihr teil. Manche ließen sich konfirmieren oder verzichteten ganz darauf, offiziell in den „Kreis der Erwachsenen" aufgenommen zu werden. Um den Frieden mit der Schule nicht zu gefährden, nahmen einige sogar an beiden Veranstaltungen teil. Konnte ja nicht schaden ...
So richtig in Fahrt kam die Vorbereitung, nachdem das genaue Datum der Feier bekannt gegeben worden war. Unsere Eltern stürmten los, um die begehrten Tische für das Mittagessen in einem Restaurant zu sichern. Wir grübelten, was wir anziehen sollten. Wer Westverwandtschaft hatte,

ließ sich für das sozialistische Fest gern von ihr einkleiden. Jungs traten in der Regel in Anzug mit weißem Hemd und Schlips auf. Mädchen hatten es schwerer: Rock und Bluse oder Kleid? Was wird aus der Frisur, wie schminkt man sich? Manche sahen mit ihren toupierten Haaren und den ungewohnten Stöckelschuhen aus wie Damen im Miniformat.
Beim großen Auftritt auf der Bühne, wenn nach Reden und Geigenmusik auf das Gelöbnis der Gebote der DDR-Jugend das gemeinsam gesprochene „Ja, das geloben wir!" intoniert wurde, war einem schon feierlich zumute. Junge Pioniere überreichten jedem Jugendweihling die x-te Ausgabe des Buches „Weltall, Erde, Mensch". Nach der offiziellen Feier begann die private. Wir bedankten uns artig für die Geschenke (zum Beispiel für praktische Bettwäsche) und verkrümelten uns dann. Am nächsten Schultag wurde ausgewertet: Wer hat die tollsten Geschenke bekommen? Absoluter Hit: eine „gute" russische Uhr vom Typ „Raketa".

Stille Post

Nur wenige Familien hatten zu Hause ein eigenes Telefon. Wollte man sich nach der Schule zum Eis essen, ins Kino oder zum Einkaufen verabreden, ging das nur mündlich oder mit einem winzigen Zettel. Der wurde während des Unterrichts möglichst unauffällig von Bank zu Bank weitergereicht. Mit einer Antwort versehen, ging das Zettelchen dann wieder retour, wenn ihn der Lehrer nicht vorher abfing und einkassierte. Wir besuchten uns also oft spontan, standen aber auch schon mal

Immer schön der Reihe nach – Warteschlange vor einem öffentlichen Fernsprecher.

vergeblich vor dem Kino, weil Freund oder Freundin nicht kommen konnten. Wie hätten sie auch ohne Telefon absagen sollen? An den öffentlichen Telefonzellen standen oft lange Schlangen – ein Ortsgespräch kostete schließlich nur 20 Pfennig. Da quatschten manche scheinbar endlos.

Keine Alternative zum Rock 'n' Roll

Es gibt staatlich verordnete Dinge, die waren im Prinzip von Anfang an zum Scheitern verurteilt: zum Beispiel der Lipsi-Tanz. Mit diesem Gehopse wollte uns die DDR-Führung ernsthaft von Rock 'n' Roll und Twist abhalten. Der Lipsi steht im 6/4-Takt und erfordert im Prinzip nur ganz einfache Grundschritte. Aber als konventioneller Paartanz mit steifer Haltung entsprach er absolut nicht

unserem Drang nach leidenschaftlichem Tanzen. Erfunden und nach lipsiens, lateinisch für der Leipziger benannt, hatten ihn 1959 vier Künstler aus unserer Stadt: der Komponist René Dubianski und das Tanzlehrer-Ehepaar Christa und Helmut Seifert. Bekannteste Interpretin der Musik war die Sängerin Helga Brauer. Ihr Schlager „Alle jungen Leute tanzen heute" lief ständig im Radio. Und der Ohrwurm „Mister Brown aus USA" sollte doch ernsthaft glauben machen, dass dieser Tanz auf dem Weg zu internationalem Ruhm sei.

Die Musik-Zeitschrift „Melodie & Rhythmus" verkündete in Ausgabe 9/1959 schon mal in einem Beitrag, dass „der Lipsi sowohl in den sozialistischen Staaten als auch in Dänemark, Schweden und England mit lebhaftem Interesse aufgenommen" worden sei. Nur tanzte in den Klubhäusern und erst recht nicht privat irgendjemand nach dem Gedudel.

Ulla Heise,
Kulturhistorikerin

„Um kein anderes Getränk ranken sich in Europa so viele Legenden wie um den Kaffee", sagt Ulla Heise. Die Kulturhistorikerin, 1946 in Regis-Breitingen bei Leipzig geboren, hat seit ihrer Kindheit einen engen Bezug zur Stadt. Sie studierte in Leipzig Germanistik und Niederlandistik und gilt heute als d i e Kaffeexpertin. Gemeinsam mit ihrer 1990 gegründeten Ausstellungsagentur GastroCommunication realisierte sie bereits mehr als 50 Ausstellungen zur Geschichte des Kaffees und des Bieres in deutschen und österreichischen Museen. Aus ihrer Feder stammt das Konzept für das Haus zum Arabischen Coffee Baum in Leipzig ebenso wie die Etablierung eines Museums zur sächsischen Kaffeegeschichte an diesem Platz. Zu ihren Publikationen gehören internationale Standardwerke mit Übersetzungen in den USA, England, Frankreich, Japan und der Türkei. Titel wie „Coffeana. Lob und Tadel vom Kaffee", „Kaffee und Kaffeehaus. Eine Bohne macht Kulturgeschichte", „Kaffee und Erotik" oder „Aus erster Hand und frisch gebrannt! Kaffee – Legenden, Rezepte und Geschichten" belegen feste Plätze in den Buchhandlun-

gen. Nicht nur in Leipzig. Die Reihe „Landpartien" führt auch nach Frankfurt, Stuttgart und Wien. Sie wirkt zudem als Projektleiterin für öffentliche und private Museen und publiziert Texte zu den Themen Essen, Trinken und Gastronomie.

Sie ist Kaffee-Expertin, Historikerin, Buchautorin und Kuratorin: Ulla Heise.

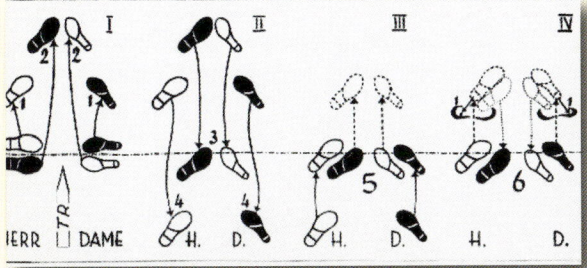

Lipsi konnte sich als sozialistischer Modetanz nun wirklich nicht durchsetzen.

Lipsi! Mit Schritt-Tapp-Schritt-Tapp-Schritt-Schritt wollte die DDR den Westen überholen. Ein hoffnungsloses Unterfangen. Die „Geheimwaffe Lipsi" verschwand schnell wieder in der Versenkung. Außer in der Leipziger Tanzschule Seifert. Die hatte ihn noch jahrelang im Programm und versuchte, Lipsi ihren Tanzschülern schmackhaft zu machen. Sonst tanzte man ihn nirgendwo.

Schritt-Tapp …

Offiziell vorgestellt auf der Tanzmusikkonferenz 1959 in Lauchhammer sollte Lipsi die „als Bedrohung wahrgenommene westliche Musikmode als ungewünschte kapitalistische Beeinflussung der eigenen Jugend" eindämmen. Ausgerechnet der

Viel Spaß im Go-Li-Pa

Wir Gohliser Kinder gingen gern in den Go-Li-Pa, den Gohliser Lichtspielpalast. Im Norden von Leipzig gab es noch die Coppi-Lichtspiele und Kinos in Möckern und Eutritzsch. An den Adventssonntagen bot der Go-Li-Pa Kindernachmittage, an denen

In der achten Klasse.

drei oder vier Trickfilme gezeigt wurden. Die Eintrittskarten konnte man als Abonnement kaufen. Ein immer wieder gern gesehener Lieblingsfilm war zum Beispiel das „Singende, klingende Bäumchen." Als Geschwister gingen wir gemeinsam ins Kino. Bei Filmen, die man erst ab 16 Jahren sehen durfte, wurde die jüngere Schwester extra auf älter geschminkt, damit sie mit eingelassen wurde. Ein bisschen Rouge auf die Wangen und Lippenstift. Dann zog sie ihren Petticoat an und los ging's. Klappte immer. Genauso haben wir es fürs Tanzen im Saal vom Klubhaus Anker oder in Wiederitzsch gemacht. Der Eintritt war ganz billig, wir konnten ihn von unserem Taschengeld bezahlen.

Der Evangelische Kirchentag war ein gesamtdeutsches Ereignis. Vom 7. bis zum 11. Juli 1954 trafen sich etwa 60 000 evangelische Teilnehmer in der Stadt. Etwa 100 000 kamen zum Eröffnungsgottesdienst, 65 000 drängten sich zur Abschlussveranstaltung auf der Wiese im Rosental.

Filme der Welt –
die Dokumentar- und Kurzfilmwoche

Die 1. Leipziger Dokumentar- und Kurzfilmwoche kam einer Sensation gleich. Nur war das damals kaum jemandem bewusst. Am Abend des 11. September, es ist der letzte Tag der Herbstmesse, läuft im größten Kino der Innenstadt, dem Capitol, der Unterwasserfilm „Abenteuer im Roten Meer" von Hans Hass. Damit beginnt eine Erfolgsreihe, die trotz Höhen und Tiefen für die Intellektuellen in der DDR eine Institution wird.

Die Initiative zu diesem ersten gesamtdeutschen Festival, damals noch „Leipziger Woche für Kultur- und Dokumentarfilm" genannt, geht auf den Club der Filmschaffenden der DDR zurück. Als gemeinsame Veranstaltung mit dem Rat der Stadt Leipzig treffen sich Filmemacher aus Ost und West. Jeden Tag sind in zwei Vorstellungen insgesamt 53 Filme zu sehen, die Themen wie „Unsere schöne deutsche Heimat" oder „Sport im Film" aufgreifen. Anschließend vergibt die Jury Preise: Zum Beispiel an den westdeutschen Regisseur Walter Knoop für seine Sportreportage „Coup d'Europe" und Tierfilmer Heinz Sielmann, der eigens angereist ist, um seinen Film „Zimmerleute des Waldes" zu präsentieren. Den „Großen Preis des Clubs der Filmschaffenden" nimmt Johannes Hempel für den Puppentrickfilm „Till Eulenspiegel und der Bäcker von Braunschweig" mit nach Dresden. Bei der „II. Kultur- und Dokumentarfilmwoche" 1956 laufen bereits Gastprogramme mit Beiträgen klassischer Filmländer wie Frankreich, Polen und der Sowjetunion. Das Publikum wird internationaler und reist auch aus Bulgarien und der ČSSR an. Kuriosum am Rande: Eine Pressejury, zu ihr gehören Journalisten der Blätter „Neues Deutschland" und „Welt", verleiht Gartenzwerge an misslungene Streifen. Direktor des ersten unabhängigen und gesamtdeutschen Festivals der DDR ist Walter Kernicke. Zwischen 1957 und 1959 findet die Filmwoche aufgrund von Konzeptionsstreitigkeiten nicht statt. Im Jahre 1960 widmet sich das Festival verstärkt dem Dokumentarfilm. Ein Jahr später findet das erste internationale Festival statt und im Jahr darauf werden die Goldene und Silberne Taube als Hauptpreise eingeführt.

Wettkampf
der Silberpfeile

Laute Motoren, schnittige Räder, verwegene Fahrer. Zwischen 1950 und 1958 schreiben die Leipziger Stadtparkrennen Geschichte. Bis zu 200 000 Zuschauer feuern an der Strecke ihre Favoriten an. Nicht nur Leipziger fahren den Rundkurs um das

Scheibenholz mit, auch Prominenz von weiter gibt sich die Ehre: Bernhard Petruschke und Edgar Barth bei den Motorradfahrern, Willi Lehmann und Paul Greifzu zum Beispiel bei den Wagen. In den neun Jahren finden elf Rennen statt, denn 1952 und 1958 gibt es sogar zwei Veranstaltungen.
Der Grund für ihre große Beliebtheit kommt nicht von ungefähr: Die 1910 in Leipzig gegründete Vereinigung der Motorradfah-

Zwischen 1950 und 1958 fanden in Leipzig elf Stadtparkrennen „Rund um das Scheibenholz" statt. Bis zu 200 000 Besucher säumten den Rundkurs.

rer hatte regen Zulauf. Auf dem Programm standen regelmäßig Turniere, Zuverlässigkeits- und Zielfahrten. Nach dem Krieg mussten sich die Freunde des Motorsports mit Provisorien ab-, aber nicht zufriedengeben. Um endlich wieder „richtig" fahren zu können, organisiert eine Handvoll Motorsportfans um Rennsportleiter Walter Gimpel und Hubert Schmidt-Gigo die Rennen um die Pferderennbahn. Schmidt-Gigo verpasst dem Ereignis auch den treffenden Namen: „Rund um das Scheibenholz". Die Strecke ist ein Sechseck, 4,311 Kilometer lang. Start und Ziel liegen an der zwölf Meter breiten und 500 Meter langen Wundtstraße.

Die Strecke bietet genügend Kurven, Geraden und Schikanen für hochspannenende Rennen. Bereits zur Erstauflage 1950 sind alle Klassen dabei, Motor- und Seitenwagenräder, Sport- und Rennwagenklassen. Nur ein Jahr später sind die Stadtparkrennen als DDR-Meisterschaftsläufe anerkannt. Der Motorsport erlebt zu dieser Zeit ein Hoch wie nie wieder in der Stadt. Im Jahre 1958 sind selbst Fahrer aus Übersee am Start. Das Rennen 1958 ist das Letzte. Der neu gegründete Allgemeine Deutsche Motorsportverband in der DDR setzt auf andere Strecken in Schleiz, den Sachsenring, Halle/Saale, Dresden, Bautzen und Bernau.

Chronik

1. März 1956
Die Nationale Volksarmee (NVA) wird gegründet.

26. Febrauar 1957
In der Ernst-Thälmann-Straße (vorher und jetzt wieder Eisenbahnstraße) öffnet der erste Selbstbedienungsladen in Leipzig.

31. Dezember 1958
Leipzigs Einwohnerzahl ist wieder rückläufig und liegt am Stichtag bei 593 902.

4./5. März 1959
Nikita Sergejewitsch Chruschtschow, Regierungschef der Sowjetunion, besucht anlässlich der Frühjahrsmesse Leipzig.

3. Juni 1959
Walter Ulbricht verkündet im Friedrich-Ludwig-Jahn-Stadion zu Berlin: „Jedermann an jedem Ort - jede Woche einmal Sport!"

14. September 1959
Erste Kinderfernsehen-Sendung mit Walter E. Fuß als „Professor Flimmrich".

22. November 1959
Nach rund 350 Abendgrußsendungen erscheint um 18.50 Uhr erstmals das „Sandmännchen" als Rahmenfigur.

8. Oktober 1960
Eröffnung des Opernhauses an der Stelle des im Zweiten Weltkrieg zerstörten Neuen Theaters am Karl-Marx-Platz (heute wieder Augustusplatz) mit den „Meistersingern" von Richard Wagner.

Eine Dampferfahrt mit Freunden auf der Elbe.

Mit Uschi in den Park

Unser Freundeskreis war groß. Und die erste Schwärmerei für das andere Geschlecht begann meist hier. Da war zum Beispiel Uschi, eine Schulfreundin der Schwester – neben Marianne und Puppi. Mit ihnen waren wir gern zusammen. Wir mochten alle die gleiche Musik. Aber wie das so ist: Man verehrt einander, aber die Angebetene nimmt dann doch einen anderen zum Freund. Meist ist aus diesen Kinderfreundschaften nie etwas Ernstes geworden.

Halbstark

Als wir größer und selbständiger wurden, fuhr unsere Jungenclique mit den Fahrrädern gern ins Rosental. Die „Halbstarken-Zeit" verlief genau besehen harmlos. So mit 13, 14 Jahren trafen wir uns gern in Gohlis neben Cajeris Gosenschänke an einem grünen Platz, wo Häuser weggebombt waren. Wir fuhren im Rosental den Scherbelberg hinunter oder erkundeten die Gegend. Kurz nach der Elviszeit, dann erst recht mit den Beatles, fingen wir an, uns für Beatmusik zu interessieren und längere Haare zu tragen. In unserer Clique waren viele, auch Mädchen, die für den Westen schwärmten und nur Musik von dort hören wollten. In der Richterstraße bauten wir im Keller einen Raum aus und richteten ihn mit Couch, Stühlen und einem Radio als Klub ein. Das war unser Treff.

Einmal kam ein neuer Kumpel dazu, der Nietzsche gelesen hatte. Von diesem Philosophen hatten wir in der Schule noch nie gehört. Das hat uns interessiert! Stunden-, nächtelang haben wir diskutiert. Später haben wir uns in einem halbillegalen Jugendklub in der Breitenfelder Straße getroffen, getanzt, getrunken und Musik gehört, natürlich nur Westmusik. Kam jemand Unbekanntes, haben wir das Radio schnell ausgedreht.

Berufswahl schwer gemacht

Sicher fand in der DDR jeder eine Lehrstelle, aber nicht unbedingt in dem Beruf, den man wollte. Die Gründe dafür waren differenziert und zum Teil völlig absurd. Wollte zum Beispiel ein Junge gern Zahntechniker werden, konnte ihn der ausbildungswillige Betrieb möglicherweise nicht einstellen, weil zu der Zeit nur Mädchen diesen Beruf erlernen durften. Kurios auch die folgende Geschichte: Reinhard Berger bewarb sich am Konservatorium in Halle an der Saale, bestand die Eignungsprüfung und begann das Musikstudium. Allerdings nicht wie gewünscht mit der Trompete in der Hand, sondern mit dem Waldhorn. Man brauchte gerade keine Trompeter, sondern Waldhornisten.

Eine Lehrküche für angehende Köche und Hauswirtschafterinnen.

Fast professionell: The Beathovens.

Der Ernst des Lebens

Dem 16-Jährigen war das zunächst egal, bis sich herausstellte, dass er mit diesem Instrument überhaupt nicht zurecht kam. Außerdem wollte er Jazz- und Tanzmusik machen. Was nützte da ein Waldhorn? Zudem sollte sich der junge Musiker verpflichten, nach dem Studium drei Jahre lang in einem Stabsmusikcorps der Nationalen Volksarmee zu spielen. Das wollte er schon gar nicht. Also brach er nach einem Dreivierteljahr das Studium ab und fing mit der Berufssuche von vorn an.

Ein Onkel war Buchdrucker. Der meinte, dass im Offsetdruck die große Zukunft läge. Das sollte es dann sein. Bis zum Beginn der Lehre im nächsten September verdiente er dann erst Mal als Telegrammbote der Deutschen Post auf dem Motorrad etwas Geld. Davon wurde dann das erste Tonbandgerät gekauft – für mehr als 1000 DDR-Mark!

Nach unbeschwerten Kinderjahren ging es im Berufsleben nicht immer nur glatt voran. Dass jeder einen Arbeitsplatz bekam, mag aus heutiger Sicht komfortabel scheinen. Aber mit dem Mauerbau 1961 wurde die deutsche Teilung zementiert, das Leben unfreier. Beatmusik hören oder ungehemmt tanzen galt als „westlich dekadent". Wer sich nicht anpasste, wirkte verdächtig. Aber was hatte die DDR Jugendlichen schon zu bieten? Nicht nur bei der Musik, auch in der Mode orientierten wir uns an Trends aus dem Westen. Wer schick sein wollte und keine Pakete von jenseits der Elbe bekam, griff oft selbst zu Nadel und Faden. In heimlich geschmuggelten Zeitschriften und Westkatalogen sahen wir, was wirklich modern war. Viele lernten sich anzupassen. Aber manche gingen unbeirrbar ihren eigenen Weg.

Leipziger Zoo

Der Leipziger Gastwirt Ernst Pinkert (1844–1909) gründet am 9. Juni 1878 den Leipziger Zoo als privaten zoologischen Garten auf dem Ratsgut Pfaffendorf. Gefragte Attraktionen sind die exotischen Raubtiere und (damals in Deutschland einmalig) die Orang-Utans. Mit der Umwandlung des Privatunternehmens in eine Aktiengesellschaft 1899 kann der „Zoologische Garten zu Leipzig" finanziell gestärkt werden und 1900/1901 zum Beispiel das Neue Raubtierhaus und ein Affenhaus bauen. Später sorgen das Aquarium mit angrenzendem Terrarium für Zuwachs und neue Aufmerksamkeit.

Der erste finanzielle Ruin trifft den Zoo im Ersten Weltkrieg. Deshalb übernimmt ihn die Stadt 1920. Nach der Schließung während des Zweiten Weltkriegs wird er schon am 6. Mai 1945 wiedereröffnet. Im Jahre 1947 wird das Gelände am Rosental auf 16 Hektar erweitert. Bei Kindern wie Erwachsenen gleichermaßen beliebt sind zum Beispiel die (inzwischen geschlossene) Bärenburg, ein hufeisenförmiges Klinkerbauwerk mit fünf bühnenartigen Gehegen. Vier Meter breite Wassergräben trennen die Tiere von den Besuchern. Auf dieser Anlage sind viele Bärenarten erfolgreich gezüchtet worden, darunter Eisbären, Braunbären und Kragenbären. Große Verdienste in den Jahren erwerben sich Karl Max Schneider, der von 1935 bis zu seinem Tod 1955 Zoodirektor war, und Heinrich Dathe, der ihn von 1955 bis 1957 leitete.

Damals wie heute beliebt: Die Elefanten im Leipziger Zoo.

Das Leipziger Opernhaus, das zwischen 1955 und 1960 gebaut wurde, war zukunftsweisend.

Endlich erwachsen

Ganz gleich, ob wir einen Beruf erlernten oder ein Studium begannen: So ganz nebenbei warteten neue Aufgaben auf uns. Zum Beispiel die Suche nach der ersten eigenen „Bude". Sie gestaltete sich in der Regel ziemlich schwierig, da die Damen auf dem Wohnungsamt bei der Vergabe nach Dringlichkeit sortieren sollten: Verheiratet? Kinder? Schichtarbeiter? Manche waren froh, wenigstens ein eigenes Zimmer zu bekommen, und wenn es nur zur Untermiete war und im Winter Kohlen zum Heizen geschleppt werden mussten. Ganz Forsche meldeten sich gleich zur Fahrschule und für den Trabant an – wohl wissend, dass mit Abgabe der Bestellung bis zur Auslieferung etwa zehn Jahre Zeit zum Sparen blieben.

Wir waren jung, neugierig und offen für die große, weite Welt, auch wenn die sich damals noch in engen Grenzen hielt. Allmählich trennten sich die Wege der Schulfreunde, an manche von ihnen erinnert man sich ein Leben lang. Andere erkannte man schon beim ersten Klassentreffen kaum wieder. An ihre Stelle traten neue Nachbarn, Arbeitskollegen oder Kommilitonen. Unser Radius für Ausflüge wurde immer größer, das Gefühl der Unabhängigkeit bekam einen völlig neuen Stellenwert. Uns stand vor allem der Sinn nach einem erfüllten Leben. Wir waren so weit!

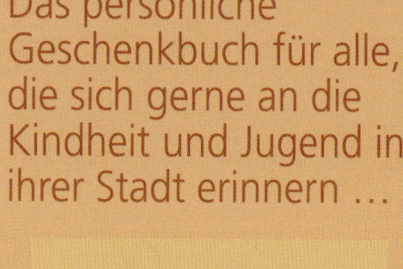